U0084861

台灣口述歷史叢書(四)

劉盛烈回憶錄

我與台大七十年

台灣第一位理學博士的自述

林忠勝 編著

謹以此書

恭賀

劉盛烈博士
張歐梅女士

～鑽石婚之禧～

右頁照片係劉盛烈伉儷金婚紀念照

先祖父 劉祖堵公(70歲時)

先祖母 連素女士

先父 劉隆修公(40歲時)

先母 劉江勤女士(60歲時)

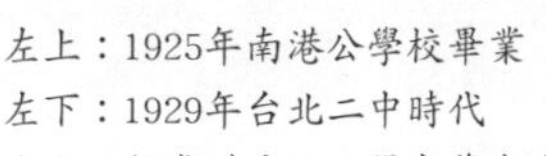

左上：1925年南港公學校畢業
左下：1929年台北二中時代
右上：劉盛烈岳父：張東華先生。
　下：台南高工足球隊。後排左四林茂生教授，前排右一劉盛烈。

創業者一

1910年，叔伯、堂兄等於大坪林三落厝合影。中爲大伯劉隆得，其左由近而遠依序是三伯劉隆鐘、六叔劉隆經、七叔劉隆炎、堂兄劉永明、劉永濂；大伯之右依序是四伯劉隆祥、先父隆修公、堂兄劉永淇、劉永溪。

1928年在南港故居與友好合照。前排中(穿長袍者)是劉永洛，後排中(穿黑衣者)是劉盛烈，其右是郭金塔。

1936年遊指南宮，左一賴再得先生，左二劉盛烈，左三母親，右一中川公海先生，右二胞姐劉英女士。

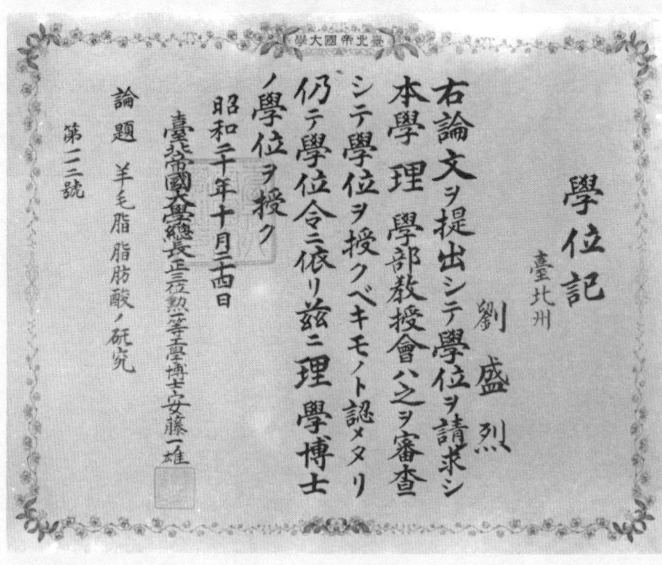

臺北帝國大學

學位記

臺北州

劉 盛 烈

右論文ヲ提出シテ學位ヲ請求シ
本學理學部教授會ハ之ヲ審查
シテ學位ヲ授クベキモノト認メタリ
仍テ學位令ニ依リ茲ニ理學博士
ノ學位ヲ授ク

昭和二十年十月二十四日

臺北帝國大學總長正三位勳一等工學博士安藤一雄

論題 羊毛脂脂肪酸ノ研究

第一二三號

學位證書

1927年胞姐劉英女士留學東京時紀念照。左一爲胞姐，左三黃廖秋桂(黃土水夫人)。

就學北一女的台灣同學合影。張歐梅(前左)，李月雲(前右)，許金春(後左)，藍敏(後右)。

結婚式合照。前排由左而右：岳母李滿女士、林茂生夫人、高小姐、新娘張歐梅、新郎劉盛烈、林小姐、恩師林茂生先生、岳父張東華先生、內弟張歐元先生。(1945)

1945年4月10日在美機空襲下結婚

1947年在美國Yale大學的中國人合照

上：1947年搭運兵船 General Meig去美國前夕，在上海碼頭。

下：1948年在美國耶魯大學校園石椅留影

徐琯(左一，今徐純教授)小姐與我家人

上：1948年Yale大學Prof. Radolf Anderson其貢獻在結核菌之化學成分之研究

下：任職新竹玻璃公司技術顧問

在台大化學系教授研究室

在Italy Venice的Gondola船上

1962年訪問英國，攝於Sheffield大學玻璃科技系館。

1962年在德國karlsruhe大學Prof. Henglein研究室討論有機矽化學

1968年在法國Bordaux大學召開〈世界第二次有機矽化學大會〉留影

與德國Karlsruhe大學G. Fritz教授合影

1971年研究室同仁慶祝新化合物150種合成成功紀念照。由左而右依序是黃榮助研究生、陳萬傳助理、李清主助理、吳獻仁研究生、楊美惠副教授、何琴霞副教授、劉盛烈教授、江志樞四年級學生、吳文振研究生、沈宗禮研究生、林江珍研究生、朱元捷研究生、李國貞研究生。

1971年接受中山學術文化獎金及獎牌

中華民國中山學術文化基金董事會 獎狀

獎字第　號

劉盛烈先生經本會評審合格為六十年度中山學術著作獎得獎人除贈予獎金獎牌外特給此狀以資紀念

此狀

董事長 王雲五

中華民國六十年十一月　日

1978年巴黎凱旋門前

The Marquis Who's Who
Publications Board

Certifies that

Sheng-Lieh Liu

is a subject of biographical record in

Who's Who in the World
Fifth Edition
1980/1981

inclusion in which is limited to those individuals who have demonstrated outstanding achievement in their own fields of endeavor and who have, thereby, contributed significantly to the betterment of contemporary society.

Publisher

Director of Research

《世界名人錄》證書

女兒劉美眞、女婿羅豐明全家福。(1989年前後)

1982年接受中國化學會(台北)五十週年化學獎

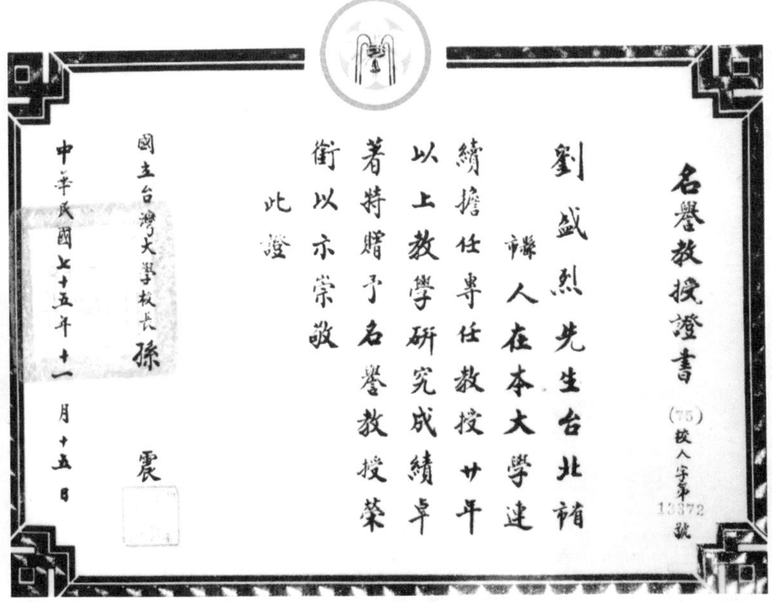

名譽教授證書

(75)校人字第13372號

劉盛烈先生台北籍市縣人在本大學連續擔任專任教授廿年以上教學研究成績卓著特贈予名譽教授榮銜以示崇敬

此證

國立台灣大學校長孫震

中華民國七十五年十一月十五日

1998年11月5日台大創校七十週年，化學系系友大會餐。後排由右至左依序是：張勝凱、許東明、林隆清、林英智；前排由右至左依序是羅銅壁夫人、羅銅壁、李遠哲、劉盛烈、張歐梅。

1994年代表台灣科學振興會致贈勳章給恩師野副鐵男博士(日本東北大學名譽教授)，右一爲杜祖誠先生(故杜聰明博士次子)。

1999年12月4日，與門生王泰澤博士(前排左一)等及林忠勝伉儷(前後排右一)聚會。

化合物樣品櫥窗前留影。由新創的三百多種化合物中，選出兩種爲代表，製成分子模型外，其餘化合物樣品全部封入玻璃管並展示在樣品櫥窗。

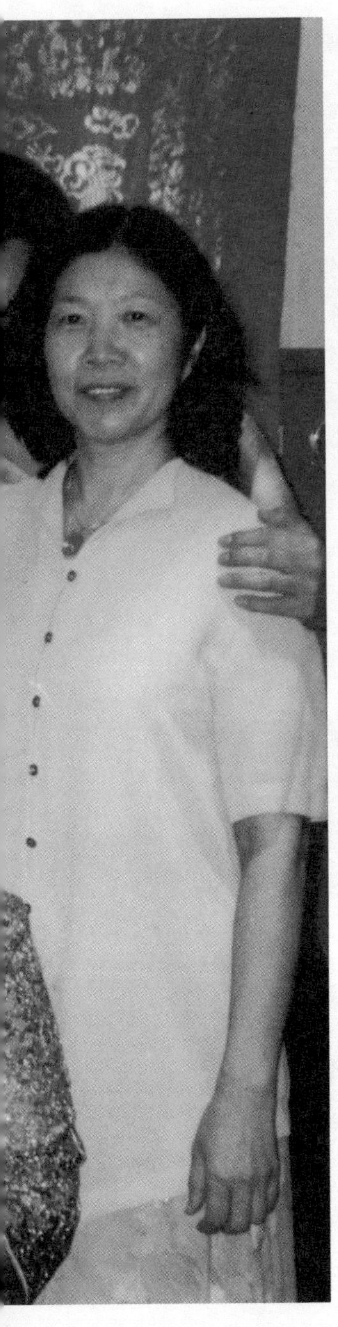

左：2001年9月9日，夫妻八秩九秩合祝宴後，合照全家福。

上：慧燈中學董事長林忠勝夫婦(右)爲劉教授印手印時留影，左一爲劉夫人。(2001.12.29 趙嘉浩攝)

下：編者訪問劉教授時合影(2003.2.20吳君瑩攝)

像片中包括七種編著作品，除右側《劉金士公大宗譜》外，其餘六種皆爲劉盛烈所編著；由左而右依序是《劉盛烈自傳稿》、《八八操演集錦》、《雙節棍自習備忘錄》、《奇招專輯》、《劉家一世紀拾錦》、《劉金士公大宗譜》。翻開平放在桌上的，即是造訪歐美日等國多所有機矽化學研究中心時所留簽字簿。

爲內祝鑽石婚(2005年)在家裡客廳全家合照。由左至右：長子博新、次子學新、三子哲新、次媳周俊安、長孫昭宗、劉盛烈、長孫女依文、張歐梅、長媳梅容。

前言

《劉盛烈回憶錄》是美國「臺灣口述歷史研究室」繼訪問陳逸松、朱昭陽、楊基銓三位日本東京帝國大學畢業、高等文官考試及格的臺灣人菁英之後，所做的第一位臺灣人理學博士的回憶記錄。這本回憶錄除了訪談外，並參閱劉盛烈先生所撰的《劉盛烈自叙傳稿》等著作及其他相關資料編寫而成。

劉盛烈先生是臺北南港人，生於西元一九一二年(日本大正元年、民國元年)。父親隆修公是一活躍人士，經營「啓運組炭礦」和金局，事業興隆，後來由於所託非人，家道遂告中落。

先生自幼聰穎好學，以第一名成績畢業於南港公學校。一九二五年考入臺北二中，校長河瀨半四郎是日本著名的教育家，不分日本或臺灣子弟，都一視同仁，有教無類。先生在二中五年間的學習，打定了一生最重要的基礎，引導他日後走向科學研究之路。

一九三一年，先生考入剛成立的臺南高等工業學校，爲應用化學科第一期生。在學期間，受教於林茂生、竹上四郎諸先生，增長了不少知識及見聞，尤其最後一年的暑假，大家都到工廠去實習，除工業技術上的見習外，從許多臺灣工人的訴苦聲中，得知殖民地人民在日本帝國主義資本團壟斷的情況下，如何過著痛苦不堪的生活，自覺身受高等教育的技術人才，充其量不過是資本家的工具而已。

先生富正義感，臺南高工畢業後二、三年，當佐久間昇任該校校長時，在報上大事宣揚要實行秀才教育，先生在校友雜誌《龍舌蘭》上撰文強調「人品教育比秀才教育更重要」。不數年，佐久間校長便因涉不名譽的舞弊事件而離職。

一九三五年三月，先生考入臺北帝國大學(終戰後改名爲國立臺灣大學)理農學部化學科，自此結下先生與臺大難得的不解之緣，在其過往的九十多年人生歲月中，有三分之二以上的時間是在臺大度過的。

一九三八年，先生自臺北帝大畢業，獲理學士，留校任無薪給副手，從事純化學的研究工作。後在其恩師野副鐵男教授的善意安排下，兼任花王公司有給職的研究員。一九四〇年暑假，先生赴東京花王石鹼向島工場做高壓還元實驗，並參加在北海道帝大舉行的日本化學會第六十二年年會，使先生深深感受到日本內地人的禮貌與厚道，與殖民臺灣的日本人之蠻橫與霸道，不啻天壤之別。

先生爲一民族自決主義者，當時他還不知道「中國人一直卑視臺灣人」，因此仍夢繫祖國，痛恨日本殖民臺灣，痛恨日本侵略中國，南京陷落時，臺灣上下被逼祝賀，先生爲中華民族落淚！一九四四年四月十七日，先生與臺大文政學部教師徐征及醫科學生郭琇琮等因編織民族復興美夢而被日本憲兵逮捕，拘禁一百三十天，受盡人間酷刑，至八月二十四日始獲釋。

一九四五年四月十日，先生三十四歲，與相差十歲的張歐梅女士在烽火中締結連理。張女士系出名門，是豪商「張東隆商號」

主人張東華先生的第四千金，臺北第一高女、東京女子高等學院(昭和女子大學前身)英文科畢業，任職於臺北帝大圖書館。經好友林龍標君的介紹，工藤好美教授的提親，張女士慧眼識英雄，患難見眞情，不計較年齡和財勢，更無懼於日人的淫威，毅然以心相許，樂與攜手共譜未來的人生。婚後，夫妻恩愛，她又事親至孝，善侍婆姑，相夫教子。不論戰時跑警報、疏開或其後先生教學研究、出國深造，皆持家有方，先生能在有機化學領域闖出一片天，夫人實爲先生成功不可或缺之賢內助！

一九四五年八月，日本戰敗投降。十一月，先生經徐征推荐出任臺灣警備司令部臨時通譯官，爲總司令陳儀上將、參謀長柯遠芬中將及日本軍官等做翻譯。此期間，臺大教授會通過頒授先生理學博士學位，是爲臺灣人第一位理學博士。十二月，終戰後臺大第一位代校長羅宗洛博士聘先生爲化學系副教授，開始先生此後在臺大四十五年的教學研究生涯。

一九四七年，臺灣人民從歡迎「祖國」的迷夢中驚醒，「二二八」事件發生了，先生被推爲「處理委員會」的臺大代表，因長子博新的適時誕生，使先生不克出席會議而倖免於難。

不久，先生赴美在耶魯大學做兩年的博士後研究，開始注意到有機矽化合物的早期研究。受推荐爲美國科學研究促進會 Σxi Society 的正式會員，並結識來美的傅斯年等學者。

一九四九年，先生回國任臺大化學系教授，婉謝傅斯年校長要其出任理學院院長的邀約。兩年後，爲回饋母系的培植之恩，接系主任。一九五六年並籌辦化學研究所，兼所主任，致力於充實系、所不遺餘力。先生高瞻遠矚，苦心經營，臺大化學系、所能卓然有成，先生功莫大焉！

一九五六年，先生應陳尙文董事長之邀，奉准兼任新竹玻璃公司顧問。先生實事求是，理論與實用並重，在該公司的支持下，從碳化學與矽化學之近似性入手，開啓了國內有機矽化學的先端研究及教學生涯。

一九五八年，先生辭卸八年的行政工作。一九六一年，又以傅爾布萊特交換教授(Fullbright Exchange Program)的身份，赴美國愛渥華州立大學擔任客座教授一年。一九六五年，再辭去兼職十年的新竹玻璃公司顧問，專心於教學、研究工作。

先生有智者的慧心、仁者的胸懷，是經師，也是人師；作育英才無數，學子深受薰陶，多活躍、貢獻於社會各階層，甚至有獲諾貝爾化學獎者。在有機矽化學的領域裏，先生獨開風氣之先，辛苦播種，勤奮耕耘，培育出滿園的花香和纍纍的果實。先後發表學術論文近七十篇，專著兩册，學術演講二十二次，發明發現新化合物達三百二十七種，見精識廣，備受推崇。對工業、農業、醫學、藥學上等都作了重大關聯，也塡補了不少有機化學與無機化學間之鴻溝，成爲邁向「汎化學大世界」的早期播種者之一。

先生是有國際觀的化學家，足跡遍全球。多次走訪歐、美、日本各國有機矽研究中心，也多次應邀參加世界有機矽化學大會，宣讀論文，主持討論會，表達東方人在此門科學中的業績。

先生實至名歸，多次獲獎，一九六六年，獲日本專利；一九七一年，獲頒「中山學術著作獎」；一九七八年，教育部頒發服務四十年的資深「優良教師」獎；一九八二年，中國化學會(臺北)五十週年時頒贈「化學學術獎章」。在許多名人錄中：如一九七八年臺灣中華書局出版的《中華民國當代名人錄》；一九八〇～八一年，美國 Marquis Who's Who,Inc. 出版的《Marquis Who's Who in the world》；一九八五年，美國 The American Biographical Institute, Inc. 出版的《International Book of Honor》等也都登載了先生的生平事跡和卓越成就。

一九八三年七月，先生在臺大服務四十五年又三個月後正式退休了。此後每年仍以兼任教授、「終身名譽教授」的榮銜留在化學系，繼續與臺大長達七十年的因緣。

先生英俊瀟洒，溫文儒雅，見多識廣，才華橫溢。精通日、英、德文，北京話字正腔圓，書法蒼勁有力。先生好練武強身，勤研數家拳術、棍法，每日必修，數十年如一日，並已錄影存記，寫成專書。

先生伉儷鶼鰈情深，所生三子一女，皆已成家立業，內外孫也有三女一男了。退休之後，倆老雙健，三代同堂，含飴弄孫，樂享天倫。或飲酒賦詩，或琴韻歌聲，或遊山玩水，眞是夕陽美景，美不勝收啊！一九九一年，先生八十壽誕，學生為其出祝壽紀念專集。一九九五年，慶金婚，祝賀福壽無疆。

先生關心國是，主張民族自決，痛恨日本殖民臺灣，寄情於夢幻中的「祖國」。「二二八」事件後，發現「祖國」只是比日本更惡質的殖民政權而已。此後，先生拒絕加入中國國民黨，專心致力於教學、研究工作。一直到西元二千年，終於看到這個威權腐化的政黨失去政權。而又要面對一個更為可怕的、非民主的所謂「祖國」，大言不慚地揚言臺灣是「『祖國』神聖而永遠不可分割的一部分」，先生遂以八十九歲之年(二〇〇〇年)在《自由時報》上發表了〈祖國，可否疼我一次？〉一文，痛斥「祖國」的蠻橫，熱愛臺灣的心躍然紙上。

先生弟子王泰澤博士，一有心人也，深感師恩浩蕩，其治學精神不能無傳。他瞭解「臺灣口述歷史研究室」以致力於保存臺灣人的史料爲職志，囑意於我。我欣然應允爲先生整理撰寫回憶錄，並於倡導全人教育的宜蘭私立慧燈中學的名人大道上，留下先生手印，鑄成銅模，附上小傳，座以花崗石，長遠屹立於校園之中，以爲青年學子見賢思齊、熱愛鄉土的楷模。而書成之日，亦正好爲先生賢伉儷鑽石婚之賀也。

感謝先生的用心與耐心，由於懷抱教育理想，我與友輩創辦私立慧燈中學，延緩了回憶錄的進度竟遲至十年後始完成。感謝先生的高足李遠哲院長與王泰澤博士在百忙中撰寫序言，師生情深，尊師重道與感恩之情溢於言表。感謝老同學前政大歷史系系主任林能士博士的寶貴建言與僑務委員李正三先生的諸多關注。感謝周維朋碩士幫忙製作索引；謝孟勳博士與陳思仁碩士幫我解決許多電腦方面的問題，使我能順利用電腦處理。當然，我也要感謝內子吳君瑩，從訪問、校稿到攝影無一不與的辛勞與協助。最後，我要特別感謝前衛出版社林文欽社長對台灣文化所做的努力，以及主編吳忠耕博士的費心。

「台灣口述歷史研究室」以個人微薄的力量，總算又爲台灣歷史殿堂砌起了一塊磚。

林忠勝 謹誌 2005年2月24日

李序

一九五五年我帶著滿腔熱誠走入台大的校門，那時候心裏只有兩個願望：一是希望能夠好好努力，將來成爲一位優秀的科學家，爲社稷人群做出貢獻；二則希望能夠結合一群志同道合、滿懷理想的同學，爲改造社會奉獻心血。

在大一所修習的諸多課程中，最令人印象深刻，也最能激發同學的學習熱忱的是化學系與化工系合開的普通化學。這門課之所以令人興奮，部分原因是選用了鮑林教授(Linus Pauling)所著的普通化學課本。這本書讓我們體會到，化學是有其根本的基礎的，不只是經驗的累積而已，很值得我們深入探究。另一個原因則是教這門課的劉盛烈老師。劉老師講課認眞，態度優雅，解說深入，總讓我們覺得上他的課比自己看課本收穫要來得多。他上課時除了授課的聲音外，課堂裏鴉雀無聲，大家都專心聽講；他也不容許學生在上課時交頭接耳，細聲交談。遇到這種情形，他會停下來瞄了瞄不用心聽課的同學，如果有人還不知趣，偶而也可以看到粉筆「飛彈」的警告。那是我最喜歡看到的景象，畢竟在大班上課時，眞能像劉老師那樣讓大家靜心聽講的情形還眞不多。

大一之後，我再也沒有機會跟劉老師上課，不過在化學系倒也常看到他的身影。他總是那麼溫文儒雅、和靄可親，從他的身影，我們彷彿也能感受到他的堅強與熱忱。雖然我選了物理化學作為專業，沒有很多機會繼續跟他學習，但許多從事有機化學研究的同學常會以景仰的神情，向我們描述劉老師如何專心致力於研究工作，如何苦心孤詣栽培年輕人。我記得大學畢業不久，我們一群化學系的系友一起到竹東參觀劉老師剛剛設立的研究室。那一天他興致很高，不厭其煩地向我們說明他在那家私人公司裏規劃的矽化學研究項目，以及他的未來理想，我們也感受到他平易近人與愛護年輕學子的一面。非常可惜的是，我出國之後就沒再與劉老師聯繫過。

前些年我回國來，偶而在某些與劉老師有關的集會裏聽到他的若干生平事蹟，才知道二次大戰結束後，在台灣成長的他之能夠說得一口流利的國語，是與他「反抗日本，心向祖國」的懷抱有關的，爲此他還受到日本統治者的迫害。我也聽說二二八事件之後，若不是因爲剛好師母分娩，他無法出席有關二二八善後處理協調的會議，他也可能同他的一些好友那樣從這個世界消失。我記得我曾問過劉老師，爲什麼從沒聽他談起這些事。他只小聲告訴我說：因爲太過傷心，也太過失望了。

公元兩千年，台灣的大選在大陸的諸多威脅之下實現了政黨輪替，劉老師在報紙上發表了一篇文章〈祖國，可否疼我一次？〉，也寄給了我一份。我讀了之後感觸很深。他從歷史的發展敍述台灣人民對祖國如何從希望到失望，既寫出他內心眞誠的期待，也抒發了壓抑在他心中的不滿。他像許多人那樣感到不解，爲什麼社會主義革命後的人民中國還是沒能夠站在台灣人民這一邊？這些埋在他內心深處的想法，我們卻不曾細心體會。我曾把這篇文章交給沈君山先生，希望他有機會到大陸時能讓相關的人士聽聽一位老教授的心聲。

前些時候我聽說劉老師在寫回憶錄，心裏非常高興，更高興的是現在看到這本回憶錄終於即將付梓了。劉老師生於一九一二年，幾與民國同壽，這本回憶錄所敍其學思歷程與生平遭遇，娓娓道來，親切感人，不但滿足了我對他的好奇，同時也可視爲近百年來台灣發展史的珍貴資料。年輕人可以從這本回憶錄中學到老一輩學人的治學風範，也可以從中了解百年來台灣的歷史發展，或者釐清心中的若干困惑。雖然劉老師年輕時對祖國的期待還沒能實現，但人民要當家作主，建立公平正義的民主社會原本就是世界人類始終追求不懈的目標。這是我拜讀了劉老師的回憶錄後的粗淺體會。

2005年03月10日

王序

師嚴道尊 獨立不撓

《劉盛烈回憶錄》，不只私人劉家孝道家務，甚且萬民台灣主體意識，公私事物，觸及至廣。老師〈自處之道〉，足供各界人士閱讀、效法。

二〇〇四年十月初，我接到劉盛烈老師的越洋電話，得知大家等了將近十年的《回憶錄》，初稿已經完成，佳音遙傳，恭喜同慶。

劉老師年高九十三歲，待人處事情理皆到，對晚輩都能好意顧及對方感受。老師已經年邁耳聾，從台北打電話來美國，知道我回答他的話，他都不會聽得見，但是他還是愼重其事，「單面」先和我講了半分鐘，然後才禮貌地，把聽筒交給時時刻刻伺候在他身邊的劉師母，讓她向我進一步解釋這次打電話的理由。

原來，劉老師要我爲他的《回憶錄》寫一篇序文。這件事，本來我七月在台北拜訪他的時候，已經揖十行禮辭謝過。理由是：學生「兒女輩」，不配爲師長的《回憶錄》寫序文，這是其一；在化學界出類拔萃的李遠哲院長，才配寫年高望重的劉老師一生對台灣化學界的貢獻，這是其二。但是，這次劉老師吩咐說，他任命我當「學生代表」。這是一個使我無法脫身的封號。二次恭敬不如一次從命，我只好目空一切，任性妄爲了。

接到原稿後，我先仔細看了書前目錄，從第一章〈家世背景〉到最後第十章〈退休生涯〉，其中「福建遷台、……礦工生與死、母親與庶母、……皇太子來台、霍亂與迎神、淺嚐浪人生活、……知識的喜悅、〈龍舌蘭〉事件、……決心考帝大、……憲兵抓我、烽火奇緣、牢房相見、……日本投降、陳儀長官——台灣新總督、二等國民、風雲變色——「二二八」事件、……耶魯兩年、……有機矽研究、……初遊歐洲、……東瀛訪友、三訪歐洲、化學獎章、台大退休、……六訪美國、衰退年代——老態開始、功夫退縮、突來數疾、斷踝奇禍、蓬萊求仙、二訪北海道……懷念潘貫、……時事述懷——祖國可否疼我一次、……天倫之樂、琴韻歌聲、自處之道、喜慶連連」百餘細節的標題，字字躍於紙上。

這時還未看《回憶錄》的內容，我就已經受到極大的震撼：劉老師平時聲息柔和、安詳冷靜，我從未想到過，老師九十三年長壽福氣，竟然經過如此少爲人知「甘甜苦辣」的心路歷程。

在台灣，出身、生長在外族統治時代的人，有之；覺察陷害親母的人，有之；目睹、同情工人生死苦命的人，有之；歷經日本牢獄、躲藏美機空襲的人，有之；罹患眼睛腫瘤、斷踝奇禍的人，有之……，凡此種種，一生中遭遇到所有這些事，若是要找出單一個人，想像中，必定困難。然而，劉老師在「回憶錄」裏，心口如一道出的，卻就是這麼一個不期然而然，命中遭遇算不上太好的長者。這是劉老師在台大執教四十五年，少爲學生所知的一面。

我和劉老師的緣分是這樣的：

我於一九五七年，從屏東中學免試進入台大化學系就讀，那時才從南部來台北，徬徬徨徨。現在想起來，覺得自己當年所行所事，不很入流；考試、郊遊、看電影之外，甚麼「科學興趣」「科學報國」的念頭，從沒有在我的腦海裏呈現過。這和前輩大學同年紀的劉老師「自動自發反抗日本、發誓發憤心向祖國」的壯志相比較，我對台灣社會的使命感，實在微乎其微。這應該是一九五〇年代變相的「祖國」，空口虛構「反攻大陸、解救同胞」，上樑不正下樑歪，導致青年精神疏離自己國家社會的普遍現象吧。

在台大上下課，前兩年，化學系的教授，只認得教過課的幾位。到了大三的那一年，無獨有偶，選了劉老師開的兩門課，一門是必修的〈有機分析〉，另一門是選修的〈有機矽化學〉。當時才進一步認識的這位劉教授，和其他教授確實有很顯著不同的地方：他不抽烟，他教課不遲到不早退，課堂裏講課很用心，甚至有一位「外省」同學，曾經半開玩笑的說「化學系那裏請來了這麼一位講話我聽得懂的教授？」

升上四年級，學生要在實驗室裏做專題實驗、寫畢業論文，我就選了劉老師當指導教授，成爲台灣第一個「有機矽化學」研究室第一位學士班的學生(難怪當時研究室的技術助理陳萬傳先生，常愛叫我「頭拾司仔 taukiohsai'ar」，也就是因爲這個「矽緣」，現在辱承「學生代表」的頭銜，戰戰兢兢的埋頭寫這篇序文)。我認識劉老師「深沉不露」的爲人，從這時開始。認識的範圍，雖然只限於師生關係，但是畢業後，我遠住美國四十二年，仍然繼續蒙受關懷，隨時問長問短。這樣的師生關係，愉悅互重，至今保持了四十五年。

一九九二年，我在慶祝劉老師八十大壽「感恩」英文賀文裏，除了感謝大學時代，在老師的實驗室裏受過良好的訓練以外，我特別提起(漢譯)「……以今日的標準來看，一九六〇年代初期，研究設備缺如。當時，台大的有機化學教授，很多是氣派持正而能克盡厥職的日人野副鐵男教授的學生。終戰後的十五年，百廢待舉，無疑的是一段很艱困的時期。我們很感謝這時期的教授們，任勞任怨，承先啓後，延續了台灣化學研究的良好傳統。」老師《回憶錄》裏的〈求學生涯〉、〈赴美研究〉、〈服務台大〉，透露了他達人知命的情操，奠定了他在台灣學術界扮演中流砥柱的重要角色。楊美惠教授祝賀八十大壽文裏，由她的女兒雅婷命題〈篤毅專精成志業，耿潔博大正學風〉，描述老師的貢獻，最是精準、中肯。

《回憶錄》裏，個人身世、思想演變、家庭生活、作育英才、學術成就、社會貢獻，固然由於劉老師獨特的環境與條件，讀者無法相與論比。但是，老師二訪東瀛北海道、三訪歐洲英、德、比、法，六訪美國新大陸，眼觀六路，耳聽八方，全世界走透透，所到之處，藝術風光，美女歌音，有很多世俗的享受，是羡煞人的。我讀後感慨「有爲者應若是！」自嘆不如。再說「健身運動」，老師從二十歲起，就勤練空手道。後來進展到「楊家、陳家」太極拳、紫宣棍、雙節棍法……跳屈、叉步、旋空等三百招式，年八十有八，編成「八八操練集錦」一冊，年九十，又續出「奇招專輯」，我幸得光碟各一片，看得眼花撩亂，頓生對老師「兩手劈開生死路，翻身跳出是非門」之無限敬意。

「舉世盡從愁裏老」，《回憶錄》裏，見不到一個「愁」字，老師長壽福氣，就是一個見證。〈老年健康箴言〉裏有「四個必須」：身體必須保養好，老師做到了；老伴必須照顧好，老師師母做到了；老友必須聯絡好，朋友門生做到了；老本必須保存好，《回憶錄》裏說得很清楚——劉師母獨掌家計，做到了。〈箴言〉也勸說要「掌握六然」：凡事有其自然、遇事處之泰然、得意之時淡然、失意之時坦然、艱辛曲折必然、歷經滄桑悟然，劉老師九十三年歲月中，早已樣樣做到了。

學生 王泰澤 敬序 2004/12/21

寫於美國 Cincinnati,Ohio

〔本文作者王泰澤著有長篇自傳小說《母語踏腳行》 前衛出版〕

自序

我是土生土長的台灣人。我自出生起至約八十歲，都生活在兩種不同性質的殖民政策下。其後之一段十幾年，雖社會有所改變，台灣仍是未被聯合國認定爲一獨立自主的國家。然而我們有獨立自主的政府及土地，有自主的軍隊，有自主的貨幣制度，有兩千叁百萬的國民，而各人都有身分証。

在這樣的外來政權遺毒的環境下，我生長、求學、學習理工科學、從事化學教育並作化學研究，也一度夢想漢民族復興。在環境、康健、能力容許的範圍內求得若干新知，此書則是其約略記錄，亦是近一世紀台灣社會面貌的一端。

我衷心感謝編著者林忠勝先生之熱忱，多年努力，選拔資料、整理及編寫成書。

我也感謝中央研究院李遠哲院長在百忙繁務中撥出時間爲我寫序文。

最後我感謝王泰澤博士之引導及介紹我與林忠勝先生認識，若無此緣起，此書將無出版之日。

劉盛烈

西元二〇〇五年一月

目　録

三、求學生涯

四、壯年回憶

五、「光復」初期

六、赴美研究

七、服務臺大

八、中年回憶

九、老年回憶

十、退休生涯

一、家世背景

㈠自福建遷台

根據劉家族譜的記載，我劉氏始祖累公在徐州傳一百四十六世，至勝源公遷居福建。再十傳至世棠公始移居台灣，定居於台北新店大坪林十五份，此約當西元一七五〇年(清乾隆十五年)前後。而世棠公往來福建、台灣之間，竟在福建辭世，世棠媽則埋骨在新店十五份，是爲劉氏遷台之第一世祖。

世棠公之子秉盛公傳金士公(利記)，至第十三世寶夫公(裕記)久婚未育，乃領養長子祖堵、次子廷玉；後續娶二房，始生三子祖堜、四子祖塿。

祖堵公字作卿，號廷藩，是由竹篙嶺劉家過房來的，生於一八四〇年，當中英鴉片戰爭發生之年。他就是我的祖父。

劉家遷居台灣，至十四世祖堵公(文記)已傳四代，人丁增多，開闢草萊，勤耕苦讀，家業漸興，於一八八六年(光緒十二年)在大坪林建造三落大厝，氣勢宏偉，相當氣派。中間亦出現兩位舉人和兩名秀才。

我祖父年輕時，我二叔公廷玉(乳名祖堰，又名石卿，一八四六年生)欲參加科舉考試，考期已近，卻患病未癒，深恐耽誤行程，我祖父乃向呂祖(仙公，孚佑帝君，即呂洞賓)許願：如保佑二弟病癒赴考，必爲呂祖建廟。果然，我二叔公病癒赴考並中秀才。因此我祖父唱首籌募，得友好共助，創建指南宮於木柵猴山坑。每月初一、十五，親自登山到廟參拜，長年如此。有人就問他廟蓋好了，初一、十五必到，不是太勞累了嗎？他說他這樣做，人家就會跟他，廟就會漸漸興盛起來。因此，現在指南宮先賢祿位中我祖父排名第一。

我二叔公中秀才後，問學、教育之餘，曾爲陳太守星聚所重，委建臺北城工程。於清法戰爭之役，佐劉銘傳有功，賞戴藍頂花翎。並在開山撫番上力保其爲訓導，於新店曲尺進行教化有功，兼理開通宜蘭官路。乙未割臺之際，出長保良總局，與李春生、辜顯榮等維護治安。「未幾設保務則充副主理，立保甲，則任評議員，法院之顧問，則專其責，鹽務之組合，則分其司，且如公園學校饗老揚文諸委員，在在出力，皆能盡厥義務，至於救災恤患濟困扶危，尤其施惠之小焉者。」❶一九〇一年，內渡安溪謁祖，補選乙未歲貢，加同知銜。回臺，置家塾教育後輩，旋出任深坑廳參事，轉補臺北廳參事。一九一〇年六月六日，因胃疾辭世，年六十有五。不意，三日後其夫人李氏亦以病終，合葬於文山之麓，出殯之日，素車白馬，備極哀榮。

二叔公生有宗錡、宗鏻二子。「當年廷玉公爲官時，長子宗錡公迎娶艋舺大戶楊氏千金之婚禮，即由日本總督兒玉源太郎證婚，場面盛大，劉氏備受榮寵。地方上的人均以劉氏爲榮，其在

---

❶劉育英：〈輓家石卿翁夫婦辭〉，《臺灣日日新報》，1910年9月4日。轉引自夏聖禮著下引書，頁230。

公館以南的知名度與影響力非同小可。」❷由此，可以看出劉家當時的勢力了。

㈡遲來寶貝兒

我父親隆修公，字智三，生於一八七六年(光緒二年)，在兄弟七人中排行第五。我父親生性比較活潑，既能幹又風流，我祖父母愛其才而寵其驕。在族中亦頗受尊重，二叔公廷玉的長子宗銈叔記憶力極強，文章過目不忘，然而我父親好像更能幹，聽說二叔公對我父親就有一種特別的寄望。

我父親於一八九四年考秀才未中。翌年，日本佔領台灣，功名之途已絕，遂棄文從商。他好像在景美開過布店，在臺北開過肥皂工廠，還跟人合夥做過貨物船運走香港，似乎都沒有什麼發展，後來才到南港經營炭(煤)礦。南港的頭一塊煤，是我父親設法拿出來做商品的。

我母親隆修媽江勤女士生於一八八三年。兩人於一九〇〇年奉父母之命正式結婚，一九〇四年生我姊英，因我母親是正房，我姊當然就是長女。

我母親結婚後，因當時社會封建的遺毒，頗受苦楚。其原因複雜，一則婚姻皆奉父母之命，毫無當事人的意見可言。二則男性婚外可任意多情，只要其有能力養活三妻四妾，社會不以為

❷夏聖禮著：《咱兜在十四張》，頁128，台北：街頭巷尾文史紀錄工作室，2003年12月初版。

忤，而女性則被三從四德牢牢地綑綁在小天地裏，動彈不得。因此我父親既有事業活動於外，又加風流、韻事不絕，自無法體諒我母親在家受苦的心境。另則，舊式封建家庭，妯娌間常由嫉妒而設計陷害，加上翁姑不明，竟誤認我母親爲惡婦，著實令人心碎。幸蒼天未絕善人之路，一場大洪水中，流木衝倒劉家三落大厝，妯娌皮箱、木箱由倒塌廢屋中集中一查，竟出現昔日用於陷害我母親的證物，眞相終告大白，我父親始知有錯，恢復疏遠已久的夫妻感情，遂受孕生我。

我是一九一二年十二月十九日(農曆壬子年十一月初十日卯時)，一個初冬天將拂曉的時辰，出生在台北南港路我家店舖裏。這是我父母結婚十二年後始獲得的男嬰，我的祖父母以及伯叔們在大坪林聽到我出生的消息，傾巢趕來南港看這遲來的寶貝兒，並向族中最能幹的家父道喜。

不料，此舉竟使坐月中的六嬸(隆經媽)放聲大哭一場。原來六嬸早我四天生一女嬰(名蘭)，族人無人重視或道賀，如今一聞老五得子，傾巢而出，她實在忍受不了這種厚彼薄此的現實社會及人間冷暖啊！

(三)我的祖父母

我最早的記憶大約是在五歲時。我一個人在南港家前院走動，大概是因爲天冷，我祖母(祖堵媽)手拿著衣服靠在正廳大門邊，要我加穿衣服，此景的記憶特別鮮明，至今尙留腦際不忘。

這一年(一九一六年)，日本台灣總督府爲慶祝台灣始政二十週年，在台北總督府的廳舍舉行台灣勸業「共進會」的活動，這是一個盛大的博覽會，展出六萬多件的展覽品，陳列各種新鮮事物，吸引了八十多萬的觀衆。❶

當時，我小小年紀也躬逢其盛，如今我只記得一件不斷地在圓形軌道上走動的電動模型小火車，因爲我的玩具很多，卻未曾有過如此文明的玩意兒，我眞的是太喜歡它了！

時已七十多歲的祖母，也被家人帶去參觀博覽會。之後，腦溢血發作，在南港家裏請馬偕醫院洋醫師來看病瀉血(小孩子當然是聽大人講的，不會讓我看到)，最後還是以擔架運回大坪林。

記得黃昏時候，大人都在前院忙著準備擔架，手持火把連夜趕路(當時還沒有汽車可走的馬路直達大坪林)。依照舊俗，人臨終應在自己的大厝正廳上斷氣，才是壽終內寢(正寢指男人)，所以必須趕時間。

祖母的喪禮是在大坪林三落大厝舉行的。出殯的那一天，父親命一個穿黑衣的人抱我一步一步地送靈柩上山，走了好久才到墓地，依舊俗沿途吹吹打打，女眷還要一路哭叫以表哀痛。完葬後黑衣人抱著我跟大家形成隊列，一步一步走回來。到家時我從黑衣人手上下來，我發現我穿的白色衣服上，東一片黑斑、西一塊黑斑，原來黑色染料竟由摩擦而染黑了我的白衣呢！

我祖父留有鬍鬚，身子有些佝僂。在光緒皇帝時，由監生捐

❶張之傑總纂：《台灣全紀錄》，頁 193，台北：錦繡出版社，1990 年 5 月初版。

光祿寺署正銜，敕授儒林郎。在日治時代，當過大坪林庄長及保甲局長，授佩紳章，推為莊者。我們現在還保有他七十五歲大壽時，族人在三落厝大廳前合照的照片，可以追憶昔日的風采。

我祖父是在一九二〇年，以八十一歲高齡辭世的。辭世前兩、三年，有過糊塗的毛病，以今日的醫學來講，應稱為腦細胞萎縮所引起的失憶症或老人痴呆症。他常常會一個人出走，不讓家人知道，因此家人輪流看著他，怕他走失。

記得有一次，發現阿公不見了，大家遍尋不著，忽然看到他以極不穩定的步履，在門前約二百公尺的田間走動，家人帶來了大籐椅，悄悄地走近他，請他坐下來休息一會，然後再抬著他回家。當時問他想去那裏？他說他想回家。家人告訴他這裏就是我們的家時，他遲疑了一下，說：

「是麼？那我搞錯了！」

祖父辭世後，指南宮計劃重修，擴大規模，增設地下室，我父親也參加了這項工作，重建時間長達數年，至一九二八年才舉行祭礁大典，慶祝完工。那時，我已經十七歲了！

而後，指南宮香火鼎盛，信衆廣佈了。

二、早年回憶

(一)父親的事業

1. 南港建新居

我父親棄文從商，獨資經營「啓運組炭礦」，擁有四份子和大坑兩個炭坑。初以我家南港路的店舖爲根據地(此店後來在三重路拓寬時被拆爲馬路)，由於生意興隆，員工日增，店舖已不敷使用，遂在南港火車站(該站現已西移數百公尺)對面興建一約百餘坪的事務、住家兼用的平房紅磚屋，由一群大小不一的房屋組成。本屋最大，坐南向北，爲主體建築。其後有廚房，西邊略離有土角屋，外皮用瓦貼釘❶，以防風避雨。其南方有大、小廁所，而廁所與本屋之間有一間工寮兼儲藏室，做爲鐵軌維護工及員工福利用品供給的調進所。

一九一三年，就在我出生半年後新居落成，舉行喬遷。在中央大門上面高高掛起了寫著「啓運組炭礦」五個黑底金字的大招牌(約 60cm×180cm)。

當時，南港雖有電燈，卻還沒有自來水，因此飲水必須自挖

❶據王泰澤博士云：瓦貼釘爲古時特殊技術，每片瓦中心打一小洞，又有竹釘穿過此洞釘死瓦片在土墻，以防風雨浸害土墻。

水井。我們家就在後院中央挖了一口約二十尺深的水井(約七公尺),並將挖出來的泥土堆在南側,成一小山,種植了拔仔(蕃石榴)、紅柿、龍眼、芒果、芭蕉等水果。水井與小山之間有一人工小池,養了魚,野貓有時也會來抓魚偷腥。

水井的水質含鐵量高,因此須用砂石過濾除去鐵鏽後才能煮飯、飲用。丙丁仔是我們家僱用的小雜工,廚房用水快不夠時,就由他去取井水,經砂濾槽過濾後再送到廚房的水缸裏,以應需要。

三、四十年後,有一天我偶然在台灣大學的校園裏遇到丙丁仔,他已經是修理鐵窗的包工老闆了。他說起當年我催他取水時還當歌唱:「丙丁呀丙丁,水缸打銅鐘!」經他這麼一提,才又讓我想起了這一童年往事。

慶嫂是負責做飯菜的廚婦,她們家距離並不遠,但她卻很少回家,還帶女兒梅仔一起來我家住,既可做她的幫手,還可兼帶我玩。

莊列卿擔任賬房,寫得一手好毛筆字,記賬、算賬常用一個大算盤。他的妻子已逝,孤雁單飛,因此常住我家,早晚有空就蒔花植草,培植了芍藥花、白菊、黃菊、大虎爪菊等許多種花卉。莊先生留了一條大辮子,走起路來,辮子在他背後搖來晃去的,成了他特有的標幟,這在當時日治時代的台灣,是很難看得到的,由此也可見其保守固執的一面。

南港房屋大門口左右種有植物作籬笆,約四尺高,經常剪修得整整齊齊,有時也開花結子。籬笆外就是我家自行鋪設自內站(即山上炭坑生產地)到外站(即南港火車站前辦公室)的輕便鐵軌了！

新居的後面是水田，夜裏常聽到蟲鳴蛙叫。前面及左邊就是千坪以上的炭埕，堆放著大小如山的煤炭了。

2. 經營炭礦業

我父親雄心萬丈，搬到南港新居以後，把事業和居家結合，兩相得便。

新居如以本屋正廳為中心，其東是我母親的房間，再次是庶母的房間。正廳有神位、香爐、供奉孚佑帝君和祖先牌位；其後半是七叔宗鐙公的房間，七嬸及緞妹、盛世弟等來南港時，都住在這裏。七叔過房給四叔公祖塿公為嗣，我父親依然倚為左右手，重用他為啓運組炭礦主事，常駐南港辦公。

正廳西鄰，前半是會客室；後半為二伯父宗鉢公三子由哥(名永潮，乳名盤由，家裏都叫乳名，故稱由哥)的房間。我父親讓他常駐南港，專司炭埕選炭、煤炭零售及收款的工作，他在玄關置一秤磅台，零售煤在此秤量、繳錢。

最靠西邊的一間是辦事室及會計出納室。大伯父長子明哥(永明)專管工資薪金發放的出納工作，與賬房莊列卿都常住這裏。

我父親擁有大坑和四份子兩個炭坑。煤有兩種，一種是油碳，一種是柴碳。大坑出產油碳，四份子出產柴碳。油碳是成分裏面有油，因此燒起來烟不那麼黑，但熱量差一點。柴碳燒起來，黑烟多一點，但是熱量高一點。基於開採運輸的需要，我家自行鋪設從內站到外站(南港火車站)的輕便鐵軌，利用手推式的輕便車將炭坑挖出來的煤運到外站的炭埕(儲煤場)堆放。我們僱有數名維護工，每天負責巡邏及維修的工作，以維持鐵軌的暢通。

維護工的三餐由我方供給，晚上才下班回家。我看他們個個身強體壯，又聽我母親說人太講究食物對身體並不一定好，以爲他們的粗衣、粗食才是身體強壯的原因，我就跑過去跟他們一起用餐，但去沒幾次就不再去了。

炭埕有千餘坪大，將產地運來的煤炭由女工篩選出炭塊與粉炭，再分別堆成大、小的煤炭山，尚未賣出的煤炭山偶而也會自燃發火，先冒出白烟，如不及時沖水降溫的話，就會釀成大火災。煤炭運銷後，炭埕有時會空一兩天，如逢豪雨頓時就變成大池塘了。

炭坑事業從生產、運輸、堆放到販售都需要管理與監督，因此父親派大伯父隆得公駐守四份子炭坑，負責管理一切生產事務，並經常與外站連絡。由於每日多有輕便運炭車來往內、外站之間，所以往返非常方便。大伯母隨同大伯父一起駐在四份內站，其四子永健哥就讀南港公學校，平常住外站，想念父母親時，隨時可以坐輕便車上山探視，有時甚至會住一兩天再下來呢！

大坑炭坑我父親則派永淇哥(二伯父宗鉢公的長子，由哥之親兄)駐守監理，其情形與四份子大伯父相似。淇哥因年輕力盛，比大伯父下山來接洽事務的次數，自然就多很多了。

煤炭除零售外，大量銷售都是經由鐵路運輸賣到遠方工廠，因此我父親就叫我二姑母(名月，適陳)的獨子廷安表哥負責與鐵路局接洽配車和托運的工作了。

就這樣，我父親以南港新居爲大本營，起用自己的兄弟和侄兒輩，同屋共事，用心把「啓運組炭礦」經營得有聲有色，堪稱是鴻圖大展了。

當南港「啓運組炭礦」全盛時期，我父親以南港之利益收入，支援平廣坑的開墾，命六叔隆經公負責。六叔頗能掌管，設佃招募茶農墾荒，種植茶葉、柑桔，利用水力生產木材等，且以貸款方式供給米菜、食糧，不幸連逢茶價大跌數年，佃人感覺沒有希望，一夜之間，十幾個佃家相約潛逃，一度開發出來的茶園，因爲無人管顧，又變成荒山了。

六叔出入內山多年，曾經遇到高山人出草取人頭，臨機應變，躲入大樹洞內避難、過夜，待天明平地人援軍到後始得平安。此亦爲拓荒者辛苦的寫照了！

3. 礦工生與死

炭坑是挖煤運出的地方，坑內黑暗而空氣流通不良。工人穿著滿是補丁的工作服，一身從面孔黑到腳端，在完全漆黑的情況下，靠著頭上戴的工作帽灰暗小燈的指引，開挖煤炭，工作非常粗重，且時有瓦斯爆炸、窒息、落盤等的危險。

因爲危險，我父親從來不准我進入炭坑內，不過後來我大一點時，由於好奇心的驅使，曾偷偷地跟礦工進去走了一趟，感覺的確是玩命的工作。

炭坑內遇到地質鬆軟時，今天挖洞，明天洞就縮小了一半。如甲烷瀰漫坑內時，就會窒息斃命；又如甲烷和空氣混和到某一比率時，遇有火星就會引火爆炸。因爲空氣流通不好，缺乏氧氣，呼吸會喘，且溫度奇高，令人難受。工人在黑暗中靠小燈微弱的光線工作，經常意識到死神的威脅，而且最忌諱吹口哨，認爲是不祥的舉動。

假如發生地層滑動，那就是落盤了，很有被活埋的可能。如果挖到湖底，無法排水，就有可能變成水災而被淹沒，不過這種災害比較少發生就是了。

我看過好幾次礦災、受傷礦工被運到台北救治的場面，使我認識到人的生命是多麼地不保險。尤其是有一天，我看到一條狗被門外經過的火車輾過，頭破腸流，四腳已經不動了，牠的腸還在抽動。這個經驗使我對死亡有了具體的體認，也使我特別注意自身的安全。在還沒有進入小學以前，我對死亡已有這樣的認識，連我自己也都感覺到好像太早了些。

前面提到，一千多坪大的炭埕，在煤炭運銷後，有時會空一兩天，遇到豪雨，就變成大池塘了。此時，我就喜歡站在杉梯上(將兩支大的長杉木並排釘死，再加釘約八寸長橫木多支，做爲挑炭夫挑炭上鐵路貨車時的用梯)，一面讓其浮在深約一、兩尺的水面上，另一面撐著竹竿前進，當做渡船玩，還眞是有趣的玩意呢！

然而，卻有一次，因杉梯寬度狹窄不穩(兩支杉木直徑之和，不過八寸寬)，站在上面，失去平衡，但見杉梯翻轉，我便掉入水中，全身濕透，還喝了幾口既苦又澀的炭水呢！

回家之後，我母親認爲我掉落水中時，必然嚇跑了魂魄，要爲我收魂。於是，就拿了一件我穿過的衣服，點燃三支香，到我落水的地點，口中唸唸有辭，說：

「盛烈回來哦！盛烈三魂七魄回來哦！」

然後沿途一直唸回家，到家之後還繼續唸著，並將衣服放在我床頭，叫我穿上去，三支香則插在大廳神位的香爐中。

我不知道有多少魂魄在我身上，然而招魂的確讓我體驗到心理上一種深厚的親熱感，溫暖全身的安全感，被疼惜的感覺油然而生，覺得我好幸福哦！所以這絕不可以「迷信」兩個簡單的字眼笑看它。

另有一件傷心事。有一天，一隊挑炭夫照常將杉梯一頭放在地面，一頭掛在鐵路貨車(無屋頂的開天車，炭未裝多時可開其側墻板，然而炭裝多時需將此墻板關起，再將杉梯掛上墻板頂，方可裝滿)的墻板頂上，再一擔一擔地把煤炭挑上去。有一挑炭夫一步一步挑到最高點時，突然繩子斷了，炭籠及人都掉落地上，骨折肩脫，爬不起來了。抬回家醫治，雖然保住一命，卻變成終生殘廢，往後我每逢遇到此人搖搖擺擺地走在路上時，心中老是感覺對不起他，好像欠他什麼似的！其實，他從來也沒有抱怨過我們什麼。勞工眞是命苦而又缺乏保障啊！

至於我家人有沒有幫他付醫療方面的費用，我就不知道了。

(二)我們的家庭

1. 母親和庶母

我父母親結婚後四年生下我姐姐，婚後十二年才又生下我，一女一男，是我父母僅有的後代。

在封建家庭中，我母親從懷有我到生我，受盡千辛萬苦。我母親後來告訴我說，當她臨近產期時，我庶母藉機圖謀激怒她，欲以激烈行動導至我母親流產而未果，最後總算平安地把我生下來。感謝蒼天賜福！

我給母親帶來希望，卻也給她帶來另一種憂心。我大伯父隆得公，曾偷偷地提醒我母親，要時時刻刻注意我的安全。一年三百六十五天，每天廿四小時與庶母生活在一起，萬一我庶母有不軌之心，只要一針插入後腦下，可以找不出原因而斃命。大伯父說他在故事書上看到如此毒婦，所幸未曾發生類似事情，然而我母親長年爲我的安全提心吊膽則是事實。

我小時候喜歡用瓶子裝不同顏色的水，排成一排一排來觀賞，我母親不喜歡我這一嗜好，要我倒掉那些紅、藍、白、綠色的水液，庶母即向我招手，說：

「你娘不讓你把那些瓶子放在她房間，你就把它搬到我這裏來放好了！」

對我來說，這應是求之不得的好建議，然而，我並沒有接受她的美意，不知是母子連心？還是我對她的一種戒心，使我不敢違背母親而向她求庇護。

我庶母有不孕的問題，她頗介意。

於是，三伯母送三子永津(又名盛火)至南港給庶母作兒子，並進南港公學校讀書。爲了培養母子親情，永津晚上就和庶母一起睡。然而永津讀到三年級就轉回大坪林公學校，以後就沒有再來了。之後，四伯父宗銍公也將尚未入學的五子盛坤送到庶母處，試試看能否培養得出感情。沒有想到盛坤在南港時間比永津更短就結束了。我母親說：

「你庶母欠缺被孩子折騰的耐性，何能成功地培養出親子的感情呢？」

這可是一針見血的評論，或許就是生育過孩子的母親與未曾生育過孩子的女人之間的差別吧！

因爲每遇到我母親與庶母之間有爭執時，父親老是護著庶母而傷我母親的心。因此，我常暗自發誓，等我長大之後，一定要補償母親因父親不公對待而導至的損失和傷害，讓母親幸福快樂，因爲劉家虧欠她實在太多了！

2. 哥哥知多少

英姐與我，一女一男，是我父母僅有的後代；然而在孩提時代，我並不感覺孤獨，這可能是無意中受到我父親汎劉思想的影響。

自從我對周圍有了認識及印象開始，始終感覺親人一大堆，每天一起生活的人好像比別人多，尤其覺得哥哥之類的特別多，眞是熱鬧滾滾！加上我父親又認領一大我十歲的庶子，名叫塗仔。

在南港本屋的同一屋簷下，就住有大伯父的長子、負責出納的明哥(永明)和就讀公學校的四子健哥(永健)，二伯父的三子專管炭埕選炭及煤炭零售的由哥(盤由)，以及七叔嬸、緞妹、盛世弟等，大家生活在一起。

駐守大坑炭坑的二伯父長子淇哥(永淇)經常下山來接洽事

務，自然會有接觸。

三伯父的長子金陵哥(又名永灃)生性較爲浪漫，喜歡帶著照相機到處跑動，並且常在南港泡藥水，以自行沖洗相片爲樂，有時候我也會偷拿他的藥水亂泡一通，他卻從沒有問過我是否用他的藥水，或許他是明知而「不」問了。

如此種種，都出現在我的生活圈裏，自然就會有他們的踪影了！

每年暑假，我父親送去日本留學的溪哥(永溪，四伯父長子)、榜哥(金榜，又名永濂，大伯父的三兒子)放假回來，都會到南港我家住一段時間，有時還會帶來讀書的朋友。

我父親對溪哥期望甚殷，甚至遠超過對我的期望。因爲我們父子年齡相差卅六歲，以當時的平均壽命而言，實難期望及時繼起，尤其當時我還不到十歲，品質如何、將來性如何都尚難斷定。更有顧忌的是，父親在我庶母面前，似有難以啓齒重用或重視我之表現；也許在他心中早有栽培侄輩以便日後託孤，期望其善待庶母(因其無親生兒女)或善待我這個遲來的寶貝兒子。

事實上，我父親栽培溪哥，送他到日本，就讀大阪高等工業採礦冶金科，學習採礦冶金的新知識，就是寄望他將來能繼承經營，以開創劉家礦業第二波的高峰。所以每次溪哥回來，我父親都和他長談，每次長談，父親都對他甚表滿意而慰勉有加。我知道我父親對他估計甚高，連帶也使我對他產生尊敬及羨慕之念。

殊不知道溪哥日後不僅辜負了我父親對他的期望，還丟盡我父親的面子，連累我到不得不以限定繼承方式，藉以杜絕冤枉的負債，此一傷害竟延伸到一九八五年始告結束。

榜哥和溪哥一樣，台北國語學校畢業後到日本留學。但爲人卻與溪哥不同，他忠厚寡言，暑假以外，甚少有出現在南港的機會，然而因其留日，在我記憶中卻頗鮮明。

此外，我父親有一安徽朋友袁春圃先生，他是漢醫，攜帶一女二子來台後不久便過世，留下這些小孩不知如何處理。我父親義不容辭，把他們接來南港，老大爲康已超過廿歲，就安插在炭坑工作，後來替他娶了媳婦扁仔，婚後搬往基隆自立門戶去了。老二是阿改姐，由我家替她找到婆家，嫁給基隆大商人連日發主人連房的孫子連建德爲妻。老么爲簾大我四歲，我父親設法讓他進南港公學校就讀，放學後在我家做小聽差，負責燒水泡茶，買東西跑腿、夜晚煮點心等打雜的事。

孩提時代，我每天都和這麼多哥哥、阿改姐、英姐、爲簾等人在同一屋簷下生活，我就搞不清楚，究竟我的兄弟姐妹算是多呢？還是少呢？

3. 姐弟玩不來

我姐在我心目中是一位很能幹的人。她有主張，有見解，在學校老師也很疼她，偶爾她也會把女老師帶來家裏玩。

然而，她就是跟我玩不來。在我心中梅仔比我姐容易相處，梅仔雖沒進過學校讀書，但懂得如何帶小孩子，她不拂逆小孩子的心意而帶到安全的地方去玩。我姐偶爾也會帶我玩，不過她常常驚嚇我，所以我並不欣賞她，寧願和梅仔在一起。

阿改姐不大跟我玩，她好像忙著準備出嫁，一天到晚做衣服，繡龍鳳，繡花鳥，哪還有時間玩呢？

記得有一次，我在玩一把玩具刀(現在回想起來，那把刀是不安全的，因爲它雖不大，卻是鋼鐵做的，還有鞘套。)我姐不知道說了些甚麼惹我不高興，我竟然就把它當小李飛刀擲了出去，傷到她的眼邊，割破了她的臉，結果我被父親狠狠教訓了一頓，才知道自己做出了多麼危險的事！

小時候，我的確很希望有個弟弟，想過一下做哥哥的癮。記得有一次到鐵路南邊的唐家去作客，唐嬸抱著一個還在吃奶的小男孩，看我好喜歡他的樣子，唐嬸就說：

「背回家當弟弟好了！」

我把她的話當眞，回家後一直吵著要那個弟弟。結果，我母親就告訴我說：

「你帶兩塊錢去給唐嬸，做爲定金，待將來嬰兒大一點再抱回來做弟弟好了！」

我母親眞給我兩塊錢紅包，我也眞把紅包送到唐嬸那裏去，不知道等待了多少年，連我自己後來也都忘了。

差不多就在這個時候，七嬸帶女兒緞妹及盛世弟來南港住一段短時間，緞妹小我四歲，盛世小我六歲，他們正希望有一個哥哥一起玩，我也希望有弟妹來同玩，自然而然他們就叫我：「阿哥仔！」了。

初被叫「阿哥仔！」的我，簡直受寵若驚，高興得不得了。以後緞妹、盛世、緣妹三人一直都叫我「阿哥仔！」，比別的堂兄弟姐妹似乎親密些。然而我這個阿哥仔，除了一起玩之外，能給他們的也只是讓他們共享我的玩具而已。事實上我的玩具很多，而盛世家桌上終於也出現了我送給他們的娃娃人像了！

三、求學生涯

(一)小學生時期——南港公學校

1. 小學趣事多

當初，日本治台，對殖民地的教育認爲有害無益，故民政長官後藤新平倡導「教育無方針主義」，視社會環境改變而隨時決定方針，把台灣的教育分爲日、台雙軌制；以初等教育來說，在台灣，日本人讀的學校叫「小學校」(依日本內地學制)，台灣人讀的叫「公學校」。教育台灣人的目的，旨在普及國(日)語，以做爲行政之需。

一九一九年，受到一次世界大戰民族運動的影響，實有提高普通教育、技術教育和設置高等教育機關的需要，總督府始頒布「台灣教育令」，但仍規定台灣教育「比日人之同級學校程度要低，形成日、台差別的雙軌體制。」❶

就在這一年，我八歲，在不平等的教育體制下，我進入了南港公學校一年級就讀，開始了我的求學生涯。

公學校時代有說不完的有趣故事。記得一年級時，同班的女孩子中，有一個是我很喜歡的，每天以看到她爲樂，然而升上二

---

❶張之傑總纂：前引書，頁200。

年級時她卻不見了，我好傷心哦！後來打聽才道知她留級了。這是我的初戀及失戀。

還記得學校第一次舉行考試時，坐在我鄰座的小朋友，不知道寫什麼好，就偷偷地看我的答卷照抄，竟然把我的名字也抄上去了，結果被老師發現，就一巴掌打到他的臉上，好可憐哦！此人後來開禮品店，寫得一手好毛筆字，對聯、輓聯寫得美極了！

十月廿八日爲台灣神社祭。由於中日甲午戰爭，清廷戰敗，一八九五年四月，簽訂馬關條約，割讓台灣、澎湖給日本。五月，日軍近衛師團司令官「北白川宮」能久親王率軍登陸澳底，六月進入台北，沿途殺戮慘重，至十月二十二日佔領台南。「北白川宮」遇島民狙擊受傷，延至二十八日傷重而死(日本政府謂死於瘧疾)❷，日人爲他立廟紀念，各地學生代表於是日前往參拜。在小學生的心目中，能代表班級參拜有其榮譽感，但卻不敢表達他是日本侵略台灣的先鋒。

二月一日，參拜芝山巖六氏先生。日人佔台後，一方面以武力鎮壓島民；另一方面以文教圖謀化解抗日的情緒，於是首先在士林芝山巖設置國(日)語教習所。一八九六年一月一日，該所老師五人及職員一人遭抗日軍殺害，此六人稱爲六氏先生。每年紀念他們的遇難，然而礙於元旦賀正，都改在二月一日舉行。

每年二月一日、十月廿八日，我總是代表班級被老師帶往台北參拜。

---

❷史明：《台灣人四百年史》，頁262，蓬島文化公司，1980年9月初版。

2. 皇太子來台

一九二三年四月十六日，我剛升上四年級，日本大正天皇的皇太子裕仁抵達基隆，巡幸台灣。

裕仁的專車從基隆開向台北的時候，沿線都有學生團體及民衆列隊歡迎，我們南港公學校的學生，也奉命在南港火車站月台上的歡迎行列中敬禮、歡呼。當天晚上，全島各地舉行提燈慶祝遊行，營造舉島歡迎的景象。

由於裕仁的專車是經縱貫鐵路南下，前往新竹、台中、台南、高雄、屏東，再轉往馬公，沿途警戒森嚴，凡具有反日傾向的人士，早就被藉詞捉進監牢戒護去了。

四月二十五日，裕仁回到台北，參加在圓山舉行的學生聯合運動會。接著繼續巡視、遊覽的行程，並於宴請文武官員後，於二十七日離開台灣，返回日本，結束了歷時十二天、僅有的一次殖民地巡幸之旅。❶

裕仁於一九二六年十二月登基，此即昭和天皇，至一九八九年一月辭世，君臨日本六十三年。

昭和天皇在位期間，日本對外發動侵略，掀起二次世界大戰；在一九四五年的八月，美軍於廣島、長崎投下原子彈後的重要關鍵時刻，他反對軍部再戰的主張，要日本人忍人之所不能忍，「以期將來的恢復」，❷接受波茨坦宣言，宣佈投降。九月二

---

❶張之傑總纂：前引書，頁212。

❷陳鵬仁譯：《日本昭和天皇回憶錄》，頁123，台灣新生報，1991年9月初版。

十七日，他首次拜訪聯軍統帥麥克阿瑟，他的謙卑態度以及自動表示願負戰爭全責，並代戰犯受過的舉動，頓使麥帥起尊敬之念，甚至還興奮地想擁吻他呢！也因此促使麥帥力挺天皇，而使其免於接受戰犯的懲罰。❸

這位從戰前「神」的天皇，到戰後演變成爲「人」的天皇的昭和天皇，最後以腸癌結束了他八十多年波濤起伏、風雲巨變的人生，令人感慨良深；然比起清朝末代皇帝溥儀，命運之神似乎又對他眷顧了許多！

3. 地震和學業

一九二三年的九月一日，暑假結束了，我們回到學校，舉行新學期的開學式後就放學回家了。正要吃午飯的時候，突然大地震發生了，水井盤上的木桶掉入井內了，廚房裏的水缸搖溢出滿地的水，連尿桶裏的尿液也被潑到地面上來了。

當時，在台灣還沒有無線電台和收音機，無法立即知道災情的實況，第二天起，報紙連日報導災情，台灣的損失尙不嚴重，東京卻是空前的大災難了！

原來，大地震發生時，正值中午，日本家庭主婦都在忙著燒飯，地震突然發生，大家驚慌失措，來不及將爐火熄滅就衝出屋外，加上房屋倒塌，電線走火，風速又大，日本的房子又都是木造的，遂成一片火海。結果燃燒了數十天，燒燬大東京的三分之

❸章陸著：《日本這個國家》，頁 118–128，台北：三民書局，1993 年 8 月初版。

二，傷亡二十二萬人，財物損失幾達百億元之鉅，是日本有史以來最大的地震災難。

此時，日本右翼的國家主義派竟然散佈謠言說，大火是社會主義派勾結朝鮮人放的，激起社會的仇視，殺戮在日本的朝鮮人達六千人之多。這眞是殖民地人民的悲哀，亦爲日後朝鮮人獨立訴求的大文章。❶

我們鄉下的小學有農業課，到五、六年級時，每一個學生分到約一坪大的土地，作爲實地種植菜類之用。從整地下種、澆水、加肥、搭架引藤到收成，一貫作業，經由實地的體驗，頭一次吃到自己種的青菜時，眞有一種成就感及滿足感。

六年級時，日籍老師自動免費爲學生作義務補習，每日從下課後補到黃昏，以增強升學的競爭力，當時我們年紀小，不知感謝，如今回想起來實在感激萬分！

我從一年級到六年級都是班上第一名而當級長，然而不知道爲什麼畢業考竟落到第二名。六年級的歷史課中，那些古代日本人的名字，用的是漢字，讀的卻是奇奇怪怪的日本音，而不是辭典上找得到的正常日音，讓我有點吃不消。然而我發現班上第二名的王火桃同學卻很輕易地唸出這些奇怪的音，我不知道他何以能如此。結果畢業成績他變成第一名，而我是第二名了。然而又不知道爲甚麼，畢業典禮上的最高榮譽「郡守賞」，還是頒給我，而不是頒給他了。

❶林忠勝撰述：《陳逸松回憶錄》，頁 76–78，台北：前衛出版社，1997 年 11 月修訂版第二刷。

這一年畢業生中，只有三人參加升學考試。女同學陳鶴投考北一女，王火桃考北二師，我考北二中，結果只有我一個人考上。他們兩人後來再進末廣高等小學補習，第二年陳鶴考上北二女；可惜王火桃據說是患了結核病，不久就夭折了。

4. 霍亂與迎神

我剛進南港公學校一年級就讀後不久，發生霍亂病大流行，有些人早上吃了一些未煮熟的涼東西，中、下午病發，上吐下瀉幾個小時後就進入危險狀態，到晚上便一命嗚呼了，因此人心大起恐慌。

南港總共不過是三十間店舖的小部落，每天都有新的店面被衛生單位用繩子圈起來隔離，並作消毒。當時，霍亂病死亡率很高，使得學校不得不停課一段時間，以減少傳染的機會。

我家奉祀呂祖，善信扶鸞請示良方，呂祖投筆指示選十六名男孩，學習文天祥正氣歌，再派人抬神轎，內置呂祖神像巡遊整個部落，男孩隊伍隨其後高唱正氣歌，可以保鎮靜平安。

以現代科學知識而言，正氣歌與霍亂菌之間毫無關係，然精神上對民心的安定也許有若干效果。呂祖巡遊後果然霍亂不再流行了，大概是衛生當局宣傳的殺菌方法及預防針注射的全面施行，恰於此時奏效吧！

霍亂流行過後，爲改善公衆衛生，南港部落才開始在縱貫道路南邊、南港公學校的斜對面，建一所公廁。可見當時公共衛生設施之差。

部落中未曾有過神廟，有些青年人提案募捐建土地廟，我年紀雖小，也樂意參加，捐出了五毛錢(當時老師的薪水只有十幾塊)，不久一個小小的土地廟就在縱貫道路北邊的一塊畸零地上出現了。此廟高約七尺(210cm)、寬約五尺(150cm)，深約六尺(180cm)，其內安置一尊約八寸高的土地公神像。終戰後遷移到重陽路及南港路分支點上，並擴大成爲今日的規模了。

每年農曆正月廿八日是南港部落大拜拜的日子，好像是迎祭保義大夫神。最使小孩子們高興的是七爺、八爺的出巡，高、矮兩尊謝將軍及范將軍在大馬路上大搖大擺地走著，跟著的子弟樂團打大鑼又吹「鼓吹」，鑼鼓齊鳴，宣天價響，還配合著野台戲的演出等，眞是熱鬧非凡，很多客人都趕來看熱鬧、吃拜拜了。

如今，這種景象在台灣已不容易見到了！

5. 父親的官司

我父親獨資擁有的炭礦，經營得很不錯，第一次世界大戰對景氣又有幫助，煤炭生產還是很強勢的事業。雖然，當時銀幣、銅幣都已消跡，民間用郵票代替硬幣，拿郵票略加紙製外皮，當做錢用，流通無阻。

我家的「啓運組炭礦」自印有工資票，當做工錢發給工人，有一毛錢、五毛錢、一塊錢、五塊錢、十塊錢的等多種。工人拿工資票到南港部落商店去買東西，店舖收下這些工資票再到我家來兌換現錢，相當順利，甚至我還曾經看見父親身上帶著一本、一本的工資票，在台北坐人力車，到達目的地後，撕一張工資票給車夫，車夫拿著工資票到商店買東西也可以通用的。

我進入南港公學校不久，父親到福建視察大陸煤礦是否可以開發，雖然福建煤層的煤質優異，且有鐵礦相鄰，本是絕好的資源配置，但因爲宗姓觀念及地理風水觀念甚深，挖煤若挖斷了龍脈，事關整個宗族的興亡，那還得了？因此，所得的結論是否定的，至少在當時是不適合開發的。

我父親也去香港考察過，認爲香港很好；後來計劃結束炭礦，移居香港，另謀他種事業。

這一決定，加上一次大戰後世界性的經濟大恐慌，竟使我家經濟陷於困境多年。

日人矢野豬之八是一個辯護士(律師)，他組織一個「大和炭礦株式會社」，並以自己做爲代表人。

矢野擬以高價收買「啓運組炭礦」，這正適合我父親的計劃，因此買賣很快成立，炭坑易主。然而款項尚未繳清，該公司財務就發生周轉不靈，張某某竟藉口說矢野欠他鉅款而把炭坑接管，我方只能對大和炭礦作民事訴訟，以破產法清算其財產，結果纏訟十餘年。最後，煤礦的錢是拿到了，但是這十幾年的消費、訟費、辯護費等損失太大了！

回首此事，顯然是陰謀，張將炭坑瞬間接管，造成既成事實，使我方來不及向大和炭礦提出因未履行繳款而要求收回炭坑。我方法律知識不足，對方又是法曹界的惡棍，這是我們吃虧的主要原因，香港之夢遂成泡影。

當台灣地方法院及高等法院開庭問案時，我當時只有十來歲，就有機會到法庭旁聽，但見庭上法官三人，我方辯護士三、四人，對方辯護士兩、三人，他們都身穿全黑袈裟、寬長的日本古老官服，胸肩上配有多重白紋花樣，頭上戴著日本古帽，他們的行頭既熱鬧又氣派十足，比起我國現在的法庭，既好看又威嚴多了！

(二)中學生時期——台北第二中學

1. 我的中學生活

「日、台教育上的差別待遇，不僅令台人對統治者不滿，即連日本教育家亦多認爲不當。文官田健治郎就任總督以來，標榜同化政策，認爲日、台共學爲同化最佳途徑，爲徹底廢除日、台之間的差別，於一九二二年二月再度修改『台灣教育令』，除了初等教育外，其餘各級學校均比照內地制度。原則上，中等以上之學校全部共學。」❶

台北二中就在這樣的背景下，於一九二二年創校的。我在一九二五年考入，是第四屆，入學時已有二年級、三年級、四年級的學長。開學時學校校舍並未建好，因此借用萬華祖師廟後落作教室。讀了一個多月，才搬到幸町(今濟南路一段)的新校舍。

雖然，標榜日、台共學，但當時台北一中主要還是日本人子弟的天下，台灣人只是點綴而已；二中則是台灣人子弟就讀的中學，所佔比例高達百分之八十。

二中的校長河瀨半四郎是日本著名的教育家。他身高一百八十一公分，是劍道五段的高手。他極具威嚴，對學生恩威並施，

❶張之傑總纂：前引書，頁200。

寬猛互用，無論是日本子弟或本島學生，他都一視同仁，有教無類，大公無私，堅持原則。

二中是台北州立的學校，他的長官台北州知事的兒子在二中就讀，成績不及格，必須落第(留級)，州知事前來說情，河瀨不爲所動，州知事爲顧全面子，只好將其孩子轉回日本。❷

河瀨擔任二中校長二十二年，不僅把二中發展成爲全島升學率最好的中學，更是德、智、體、群四育均衡的好學校，作育了許多英才。

我在二中五年間的學習，打定了我一生最重要的基礎。舉凡對身體的鍛練、善惡的識別、擇善的勇氣、堅強的意志力、求知的慾望、科學的興趣，無一不是在這個時期培養出來的。

就以體育來說，學校每周都有田徑、足球、柔道、劍道、游泳課，每年都有十哩長跑等訓練項目，全校學生都要參加。

以文學來論，我父親在我小時候想請老師教我中國古文未果，留下一批古文書，書中的出師表、范增論等多篇文章竟出現在中學漢文課本裏，雖然讀音改爲日音，內容依然如舊。我父親發現以後，嚴格要求我學習以台語朗讀及背誦，成爲我日後發展的另一本錢。

再以物理、化學等科而言，都很能激發我的學習興趣，引導我日後走向科學之路。

學校放暑假時，盛世弟每年都會來南港住幾天，然後兄弟再結件一起到我們最喜歡去的鄉下巡禮一番，享受山水田野的情

---

❷曹永洋：《鴻爪展印——許燦煌博士自敘傳》，頁8–12，(非賣品)。

趣，眞是人生一樂也！

我們巡禮的第一個目標是平廣坑的墾地，也就是我們稱爲「內山」的地方。

由新店坐三次渡船，步行五、六小時，才到溪底六嬸的住處。這裏三面環山，一面是溪流，溪中巨石處處，水流之聲潺潺，晝夜不停。利用水力碾米是一件新鮮事，而釣魚、用水鏡刺魚(四角木盒，底面不用木板而用玻璃，把它放在水面上時，水面的波浪都消失了，眼看水底如天空那樣淸澈，一手扶著水鏡，一手拿著刺鏢，可以巧妙地刺中活魚)也都是絕妙的玩意兒；加上蟬聲喞喞，旣沒有人爲噪音，又沒有空氣污染，眞是別有天地非人間了！

當然，鄉下也會有不便之處，例如：

(1)沒有電燈、電話。

(2)大石頭生苔，滑極了，一站就滑倒，穿草鞋是唯一的好辦法。

(3)毒蛇多，隨時都有碰上的可能。

(4)偶爾也會碰到山豬或遇上高山族人。因此，我們也自備了步槍(經政府許可登記的)。

內山之外，我們還去大坪林三落公厝及中和我母親的娘家。一樣沒有電燈，夜晚點著石油燈，卻讓我們享受到田野氣氛十足、人情濃厚樸實、身心舒暢無比的暑期生活了。

一九二〇年代，台灣社會正是文化協會活躍時期，以非武力方式抵抗日本帝國主義的壓制，以演講方式啓發民智，繼而要求伸展民權、鼓吹世界語(Esperanto)、解放女性等等，好不熱鬧！

我姐自認女鬥士，登台演講，要求解放女性。我當時年紀雖小，無形中多少也受到她的影響，思想變得開明些，民族意識也被喚醒了。不過，從另一方面講，日警也逐漸開始注意活動分子了。

堂兄永洛早我兩年考入二中，他來南港居住，與我一起坐火車通學，當他讀完四年級升五年級時，斷然跑去廣東，投入黃埔軍校，志在立馬中原，可惜後來得病，竟成殘廢。

一九二七年，我姐也到日本留學去了！

2. 父親所託非人

南港「啓運組炭礦」收場之後，我父親轉而經營金礦。先是雇人在七星山腳鵝尾山試掘山金，以塗仔爲主要現場執行人。後來改到九份山頂新山經營金局，由台陽礦業包辦一部份經營權。

依照規定，新山範圍內的礦主(出資挖金坑者)，先要與我們金局立約，規定：須經過金局許可才能挖礦，硬挖者視爲偷挖，予以取締：挖到黃金時利益要照約定分配，挖礦所須的火藥由金局代向政府購買，挖到黃金後採金須金局立會，採回的粗金由金局保存，提煉金塊時雙方立會，但金塊須由金局經手代繳政府，並經金局轉發金塊代價給礦主等等。此外，礦主還要接受金局的監督，金局派巡丁到各礦主所開挖的金坑巡視，以防止走私。

先是，我父親派塗仔當巡丁，後來塗仔又叫龜理(本名賴金生，其妻阿美認庶母爲義母)到新山當巡丁。結果是黃金挖到了，也有利益了，可是我父親是坐在南港家裏指揮，現場由塗仔及龜理二人掌管，產金多少只有他們二人知道，因此造成他們二人的黃金時代。

3. 淺嚐浪人生活

依國語日報辭典的解釋：「浪人」是沒有一定職業的人。

又據日本古社會的習慣，「浪人」是指武藝高強，因種種原因不出仕爲官、而流浪江湖的人。其後，轉而稱學生讀完一校而沒有考入上級學校的人。

一九三〇年，我自台北二中畢業，一心一意想念化學。當時台灣有高等學校、台北醫專、高等農林、高等商業等四所學校可以報考，然而，其中只有高等學校有理科與化學有關，而高等學校將來必須再進入大學才能完成學業，衡量我家當時的經濟能力，能否支持我那麼久沒有把握。

日本高等工業學校的應用化學科是最適合我的。然而遠離家鄉留學，費用可觀，父親當年有辦法支援溪哥到大阪高等工業讀礦冶，而今卻沒有能力送自己的兒子去日本讀書，眞是此一時也、彼一時也！

幸好，當時總督府決定翌年(一九三一年)要在台南開辦高等工業學校，因此我決定做一年「浪人」，一方面多作應考準備，另一方面也好體驗一下學校以外的生活。

決定後，我首先到九份新山看我家包辦的採金局，住了兩、三個月。

台灣的北端有金瓜石金礦，其南鄰是九份，九份是在山腰地帶，再爬高就是新山，是我家包辦的金局所在。

在此地看到的人，無論礦工、礦主或巡丁，幾乎全都是穿著既補又貼的破爛衣服，肩、胸、背沾帶泥土，手拿乙炔燈及小鐵鍬，屁股後又吊著圓形、中間有孔的橡膠板，走一步路，橡膠板就晃動而打一下屁股，很像是要飯的。因爲他們要出入洞坑，不得不這樣穿，以便到處可以坐，也到處可以鑽。

另有一種人叫做散花仔的，一樣的穿著，但他們既不是礦主、也不是巡丁、更不是礦工，他們不屬於任何人，而是靠自己的眼睛及運氣到處尋金，偶爾可以撿到金石，帶回去打碎沖洗，可得粗金。

可別小看這些要飯似的人們。有一天，他們挖到或撿到金子，西裝一換，踏進酒家便成爲火山孝子了，花天酒地，紙醉金迷，樣樣都來。爲了錢，暴力、詐騙任何手段都可以用，甚至兒子騙老子也習以爲常、而不以爲怪了！

所以，有人說：「九份的天是三角的！」表示一切都不照道理的意思。

接著，我也到指南宮住了兩、三個月，與九份的氣氛恰好相反。宗教感化人爲善，住在這裏，晨鐘暮鼓，誦課念經，沐浴在濃郁的宗教氛圍中，而袈裟、柳鐘、木魚又是另外一種感覺，尤其是扶鸞更是文人的遊戲。

那一年，指南宮正開始鍊丹。所謂鍊丹，是以扶鸞方式將砂放在鸞桌上，以鸞筆動砂堆，時時寫出藥物材料的名稱和分量，約一小時後將砂取出，放水煎煮，然後濾去砂粒，取出水液再濃縮。一盤一盤的砂如此加工製作，可得一大缸的濃縮液。雖未曾放入中藥，只以藥名寫在砂中，算是調劑的一部份了。

如此數週，扶鸞配藥完畢，另買中藥一批，配合濃液以文火蒸發成泥，冷卻成脆粉狀，再以白蠟包成二公釐直徑的藥丸，就是丹丸了。

鍊丹最主要部份是扶鸞指派一切工作，正鸞生雙手扶左枝（┬<型木筆全長二尺半，左、右各一人扶著），副鸞生雙手扶右枝，口念神咒，並點燃金紙不斷地晃動於木筆上，目的是請神來投筆指點。當神到時，木筆跳動畫字，正鸞讀字使抄鸞人記錄。五言律詩、七言絕句不斷地出籠，神人通信因此而成也。

我當副鸞不下十幾次，也試過當正鸞，然而我當正鸞時木筆請神好久都不動。

正鸞生曾告訴我一個故事，很有意思，他說：

「從前，有一批不大愛讀書的書生，於科舉考試前日，扶鸞請呂祖指示考題以圖功名。當鸞筆起動時，寫出『潮州鬼投筆』。

諸生原想請呂祖指示，不料請到的竟是潮州鬼。於是停止扶鸞，重新禱告恭請呂祖，再行扶鸞。不久，木筆跳動神到，寫出『呂祖師降筆，賜諸生墨水一碗，各飲以利智慧。』

諸生高興極了，喝下墨水後跪地等待指示考題。木筆繼而寫出『平生不讀書，到時飲墨水，我非呂祖師，依然潮州鬼。』降筆完，潮州鬼就退駕了。」

這批平時不太愛燒香的書生，就這樣被文鬼捉弄了！

㈢專校生時期——台南高等工業學校

1. 知識的喜悅

台南高等工業學校是一所專門學校，簡稱「台南高工」，然而不同於現在「高工」的是，現在高工是與高中同等程度，而當時的「高工」則是專科學校的程度。

今天的成功大學的前身是台南工學院，而台南工學院的前身，就是一九三一年創辦的台南高等工業學校。

一九三一年，我以無比興奮的心情，考進台南高工應用化學科爲第一期的學生，因爲這的確是一所很好的學校。

當時校長是若槻道隆，教授陣容有四個博士，其中有兩個是應用化學科的老師，即科長佐久間巖是工學博士，竹上四郎教授是理學博士；一個是機械工學科的老師，另一位就是教德文的林茂生老師。在當時博士還很少的社會，這樣的陣容算是相當強了。另外設備、儀器也都不錯，足以傳授科學技術的。所以我很滿意在這裏讀書。

竹上教授由定性分析、定量分析、無機化學教到理論化學。每一門課都理路井然。上過竹上教授的課之後，就能確立物質觀，格物致知，而深入物質世界，了解物質的本性以及有關的理論系統，進而習得如何對待物質的方法。

竹上教授在學生時代是橄欖球選手，具有運動家的氣質，既開明又民主。當他上課步入教室時，班代表叫：「起立！行禮！」

他笑著說：

「諸君，這樣行禮，會讓我害羞的，以後不要再這樣了吧！」

他在課堂上講高深理論，課外卻待我們如自己的弟弟，一起踢球運動，一起喝酒作樂，使我們心服。

林茂生教授教我們德文。他是全校唯一的台灣人教授，東京帝大文學士，美國哥倫比亞大學哲學博士。他也是我們的蹴球(Soccer 足球)部長，領導蹴球愛好者做課外運動。他又是學校圖書館的館長，很親近學生。他教的第二外語，對我日後科學的研究有很好的幫助。

至於佐久間教授，他是科長，領導應用化學科的一切教學。然而他卻是一個性格非常特殊的人，常自相矛盾而不自知。

他教的有機化學課並未能把有機化學的廣汎基礎傳授給學生，與竹上教授的授課相較，可說是雜亂無章。

他在做人方面也大有問題，他看竹上教授與學生在一起，就勸止竹上教授不要接近學生。有時，在走廊上碰到他，他說：

「喂，喂！你看，不是很愉快麼？」

突然這麼一問，讓我有丈二金剛摸不著頭腦的感覺，就問他：

「老師，是甚麼事情那麼愉快啊？」

他立即嚴肅地回答：

「哦！宇宙間包羅萬象，無一不是愉快的呀！」

如此故作豪氣狀眞令人傷心，我實在不願意在此高等學府遇到這樣虛僞的老師。

林錫坤同學幾次看到坐在他前面的人，考試時偷看書作答，憤而告到科長那邊去，結果林君被佐久間教授痛罵了一頓，理由是林君不合群，如此的是非不明，氣得林君兩天吃不下飯。

佐久間教授還在課堂上傳授「出世學」，說：

「你們畢業後就業，絕對不可請假，父母死了也不要請假奔喪，如此力爭上游，可以早一天出人頭地，地下的父母也一定會很高興的啊！」

如此自私不孝的做人方式，那值得人尊敬呢？

進入台南高工的喜悅，不得不因佐久間教授的存在而打了折扣，然而就整體而論還是很滿意的，因爲應用化學科的其他老師也都是很有內容的。何況，機械工學科及電機氣工學科的課程和設備，也可以給應用化學科的學生許多啓蒙及方便，增廣了我們的知識及見聞。

2. 生活故事多

我進入台南高工時是留著長髮的，學校的制服是鐵藍色開胸西裝、打領帶，在當時算是特別開明的服裝了。我老是穿著鐵藍色上衣、白西褲，加上淺橘色皮鞋，自認爲是很摩登呢！領帶規定是蝶形帶，可是我們都換上自己喜歡的不同顏色的長形領帶，學校也不管這些小事。

然而，若槻校長不曉得爲甚麼，突然發出剪髮令。據說因爲工廠機械運轉多，如果頭髮長，有被捲入致死的可能，因此一律命令剪掉長髮。學生不聽，他就命學生課長伊形教授嚴格執行。

伊形教授是教英文的，他自己也留有一頭黑得發亮的長髮，推不動此令時，他也只好剪掉自己的長髮來作示範，校內到處是和尙頭、穿西裝的怪現象。

就這樣維持了一年，學生方面已不能再忍受，終於召開學生大會，決議要求解除禁髮令，不然將以罷課作反抗。校方終於讓步說由你們自由好了。

我參加蹴球隊(Soccer 足球)，所以偶爾有機會回台北與外校比賽。林茂生老師是蹴球部長，接觸的機會比較多，他懂哲學，給了我們不少的啓發。

有時，我也會與三、兩同學一起上酒家、泡酒女，人生幾何，對酒當歌。尤其是在比賽之後，勝了就辦祝勝會，敗了也辦殘念會(意即不甘心、惆悵)，痛快一下，第二天讀起書來似乎特別有勁。

我們也作野外演習，這是軍事訓練的一個項目。我們曾經坐船到澎湖，演習兩三天，應化科自製各色烟幕，電氣科兼練通信，機械科也作鎗枝、車輛的演練等。

每年校慶(創校紀念日)時，都開放校舍給市民參觀，各科依其特色，展出有關各種專門儀器、製品，也有臨時設置的小賣店，賣各種好吃、好玩的東西，好熱鬧哇！讓大家共同度過快樂的一天。

我們也組團到日本各主要工廠去作見習，當然各科間有些時是共同的，有些時是不同的。應化科主要看化學工廠，電氣科主要看發電所、電機製作所，機械科看火車製作所、造船所和飛機製作所等。

最後一年的暑假，每人都到工廠去實習。我到高雄淺野水泥廠去實習兩個月，先是到該廠化學分析室參加水泥有關一切材料的試驗及分析工作，繼又轉到生產現場各部門去參加作業。從大型碎石機(挾碎石塊)開始，經細碎、磨粉、配料、入爐、高溫焙燒，再細碎、磨粉、冷卻、裝袋、到入庫等一聯串操作中，諸多機械、電機也都是照料的重要項目。

除工業技術上的見習外，尚有意外的收穫。就是從許多本島工人的訴苦中，得知殖民地人民，在日本帝國主義資本團壟斷工業的情況下，如何過著痛苦不堪的生活。身受高等教育的技術人才，充其量也不過是資本家的走狗而已，甚至於要不要你這個走狗都還得看他們的顏色。幾年前淺野水泥廠的工人，曾經起來反抗過，結果卻更悲慘，因爲日本的警察都一面倒地當幫兇，事後的壓迫更變本加厲。

這些受苦的工人，遇到受高等教育的本島人技術者，就好像遇到自己的哥哥一樣，把心裏的痛苦都給吐露了出來。

3.《龍舌蘭》事件

我讀台南高工時，日本社會正在向右傾，日本關東軍積極展開侵略中國的東北。

一九三一年九月十八日夜，關東軍發動「瀋陽事變」，張學良奉命不抵抗，東北整片大好河山，被日本人佔去，製造了所謂「滿洲國」。

當時，日本若槻禮次郎首相不准關東軍擴大事態不成，內閣遂於十二月請辭。改由維新鬥士、已經七十多歲高齡的政友會總裁犬養毅組閣，原「希望他能制止軍部的橫行，那知道在一九三二年五月十五日，他反被一群武裝的少壯軍人暗殺於首相官邸，釀成『五一五事件』」。❶

---

❶林忠勝撰述：《朱昭陽回憶錄》，頁53，台北：前衛出版社，2001年11月第五刷。

其時，日本軍方一面在上海發動「一二八」事變，一面又進佔熱河，積極侵略華北，大有山雨欲來之勢。

一九三四年，我從台南高工畢業；適值溥儀當上了「滿洲國」的皇帝。

「滿洲國」給了我好多同學就業的機會，他們到滿洲去發揮技術的能力。

我不大願意去滿洲，也沒有遇到此種機會。在台灣看到日本人的殖民政策，就可以知道日本在滿洲的政策會是怎樣了，我不願意去做幫兇。

我畢業後兩、三年，學校辦一校友雜誌，名《龍舌蘭》。我的同班同學賴再得君留校當助教，並負責編輯這份刊物，而來向我邀稿。

此時，若槻校長已經退休，佐久間科長昇任校長。當他就任校長時，在報紙上大吹特吹，宣言他要實行秀才教育。我看了此宣言，同時想起他以前在課堂上講過許多不合情理的事，憂慮油然而生，遂撰一文投向該刊，內容略述：佐久間教授昔日在課堂上所講的，那些爲私利不顧人情、人品的那種心態，如今以一校之長用來指導青年，實在值得商榷。我認爲人品教育比秀才教育更重要，因爲假如一個秀才將其優越能力，用於自私不公方面去的話，其對社會的危害比凡才所做的要厲害得太多。因此我希望母校的教育方針，應以人品教育爲第一，人格既成，再促進秀才發揮其能力，始可給社會帶來幸福。

此稿排版後，我接到賴君的來函，略謂：佐久間校長因此稿責備他，要革他的職，問我可否讓他代爲稍改文章的語氣，以免其失業。事關賴君工作前途，我當然只有同意，結果我的文章裏出現了一些 xxxxx 字樣而問世。

後來，林茂生老師見到我時，說：「劉君，你在《龍舌蘭》講得好！」

我眞沒想到「秀才如將其能力用於自私不公方面去的話……」這句話竟會在佐久間校長身上應驗。幾年後(一九四四年三月)，他引起一場不名譽的舞弊事件而被迫離職，此事與我無關，在此就不多談了。

㈣大學生時期——台北帝國大學

1. 決心考帝大

台南高工畢業後，本來是有一技之長，不必再升學也可以在社會上立足的。然而，當時台灣社會不景氣，滿洲又不想去，加上佐久間教授的偏心，就業也眞難。

佐久間說：本島受高等教育的人，都是有錢人家的子弟，不必替他們安排職業；日本人的財產都是長男繼承的，其二男、三男就非就業不可了。

另一方面，工廠各有秘密，本島人不守秘密，廠方也不歡迎。

當然，自己開工廠也是一條路，不過需要資本，又不一定順利，萬一失敗的話，就會招來更加痛苦的狀況。

想起台南高工有機化學方面的缺失，不如再進大學，多讀一點有機化學，也許將來會有更好的出路。

於是，對家裏的經濟狀況也略作了一番估計，認爲在台北讀大學，可以由南港通學，費用可節省一部份，似還可以勉強應付，遂決心再上大學。

原來，南港我家對面就是火車站月台，所以坐火車極爲方便，到台北後改乘公共汽車到公館，就到台大了。另外還有一條路可走，當時萬華、新店間有私營鐵路(後來改爲公營，最後被拆除了)，由南港坐火車到萬華之後，再改坐私鐵到台大前的水源地下車，也是非常方便。這兩條路後來我都利用上了。

可是，此時已是六月，入學時間早已過去，只好等待明年三月，再行報考台北帝國大學理農學部的化學科。

一九三五年十月十日，台灣總督府爲慶祝始政四十週年，在台北舉行盛大的博覽會，爲期五十天，展出作品三十五萬餘件，參觀人數高達二百七十五萬多人，盛況空前。❶

當時，福建省主席陳儀應中川健藏總督之邀前來參加，他在慶祝會上「竟公然祝賀台灣人幸運地做了日皇的臣民，招致台灣人的憤怒與不滿」。❷十年之後，他以中國總督──「台灣行政長官」的身份，君臨台灣，終於釀成了「二二八」事件的悲劇。

2. 帝大的沿革

台北帝國大學是一九二八年四月一日，由台灣總督府在台北

---

❶張之傑總纂：前引書，頁 250-251。

❷林忠勝撰述：《陳逸松回憶錄》，頁 303。

創立的。與當時日本的東京帝大、京都帝大、九州帝大、東北帝大、北海道帝大及在朝鮮的京城帝大，成爲當時日本僅有的七個帝國大學。❸

台北帝大剛創立時，只有文政及理農兩個學部。理農學部盡量將「理」與「農」結合在一起，以「理」之基礎科學，領導、支援應用科學之「農」爲理念。因原先日本人的理想是以台灣爲原料供給地，以台灣農產品支援工業化的日本本土，經營台灣重農不重工爲方針，此即所謂「工業日本，農業台灣」的政策。然而後來之情勢逐漸改變，台灣成爲日本南進及西進政策的重要基地，不得不將台灣作某程度之工業化，此即所謂「工業台灣，農業南洋」，以便日本國力的伸張。所以，一九三一年總督府創立台南高等工業學校，一九三六年台北帝大增設醫學部，一九四一年增設工學部，並於一九四三年將理農學部分開爲理學部及農學部。

至此，純粹科學以「理」支援應用科學「農」、「醫」、「工」之體系，始告完成。

我於一九三五年三月，考入台北帝國大學理農學部化學科。當時的學制，大學必須從一年級讀起，沒有插班的辦法。專門學校畢業生被視爲與高等學校高等科畢業生同等學力，所以也不能插班大學。像我由高等工業學校畢業，讀完五年制中學畢業後，再受三年應用化學科的專門教育，亦須從一年級讀起，約略吃虧了一年的時間。

---

❸我考進臺北帝大時，日本國立帝大只有七個，後來大阪又成立一個帝大，所以就變成八個了。

以入學年度而言，我比李鎭源早一年，比辜振甫早兩年。與我同年入學的有地質系的顏滄波和農化系的楊祖馨，他們兩位都已作古了。

我進台北帝大時，在宣誓式上接受我宣誓的大學總長(依日本學制，大學是「學」而不是「校」，故稱「總長」；小學、中學、高等學校、專門學校則稱「校」，故稱「校長」)是第一代總長幣原坦；一九三八年，我畢業時發畢業證書給我的是第二代總長三田定則；一九四五年，我獲得博士學位、給我學位記的，是第三代總長安藤一雄。

日本自從開辦臺北帝大到戰敗投降的十七年間，化學科畢業生授予理學士學位的共有七十二名，當中臺灣人有八名，其餘皆爲日本人；授予理學博士學位的有三人，即日本人內藤力(日本高砂香料株式會社董事)、衣笠俊男(神戶大學教授)及臺灣人劉盛烈。化學科畢業生有一組織稱爲臺大化友會，現尙存於日本。

一九四五年，日本戰敗投降，台灣重回「祖國」懷抱，台北帝國大學改稱爲國立台灣大學。有趣的是，當時國立台灣大學的創校紀念就是從這一年(一九四五年)算起，而不是從創校的一九二八年算起的。這就好比林語堂在清光緒二十一年(一八九五年)誕生，到一九一二年，孫中山推翻滿清、建立民國時，林語堂應該是十七歲，如果照台灣大學創校的這種算法，林語堂民國以前活的年齡也應該隨著清朝滅亡而歸零，所以民國元年，像林語堂這種跨越兩個朝代的中國人都只有一歲，這不知道是那一門子的道理？台灣最高學府的校慶，竟然會鬧出這樣的笑語，豈不怪哉！此事後來總算改善了，以創校某年、改制某年表示清楚。

3. 大學的生活

(1)閱讀德文文獻

一九三五年，我進入台北帝大理農學部的化學科就讀，開始了我的大學生活。

當時大學的程度是以唸完第二外語及高等數學爲起點，收進來的學生都是高等學校或專門學校的畢業生，都有好的基礎。一開學馬上就被迫閱讀德文雜誌，並在雜誌會(Seminar)上提出介紹及討論。

新生進來時，爲了確立化學德文的能力，老師指定一篇論文給你，你就必須在二週內消化這篇論文的內容，並上台詳細介紹及討論。剛開始時的確很吃力，一頁德文要查字典的新字有四、五十個之多，且有時化學用語在辭典中不一定找得到，好辛苦哦！

一年間，經過多次指定德文論文的訓練，認爲德文沒問題了，就開放自由選擇，英、德、法三種語文都可以採用。

雜誌會上不僅應用已有的知識去了解別人的研究成果，還可以吸取到最新的知識。因爲課堂上提出來的這些新出爐的研究成果，就是經過這樣的學術雜誌發表問世的。等到有一天，自己有能力作研究，並且發現有創造性的新事物時，也需要在這樣的學術雜誌上發表的。因此，讀雜誌同時也等於是爲自己將來參加投稿工作做準備。

化學科每年收容學生定額五名。因此學生少，師生間之接觸甚密，研究風氣特別濃厚。以教授爲中心的各 Group，每天中午，教授、職員、學生、工友都一起吃便當，又常開茶會，有時偶爾也辦郊遊。加福教授的課程完了時，教授還請學生上一流館子吃西餐，灌輸浩然之氣，頗有求眞生活最淸高的氣概。

(2)純正化學世界

應用化學是以應用爲主要目標的化學知識；純正化學是純粹地討論化學的理論、系統的知識，而不注重應用面的。因化學這門知識的對象是物質，宇宙中之物質一切都成爲研究對象，諸如地球上的礦石的成分，月球上的礦石的成分，大氣中的氣體成分，人體或生物體內產生的成分，甚至天然界原來沒有存在而以人工合成(設計後)出來的物質也是對象。物質泰半是混合物，經人工提煉分離後始得純品，所謂純品是只由一種分子來構成的一堆(量多量少不是問題)物質之意。純正化學的使命是對此純品作物理性、化學性的觀察，記錄後，進一步樹立其間之系統的理論，甚至以數式來發表理論。

當我們了解這些理論時，我們會發現其美妙性，並且會產生喜悅或滿足感。假如佛僧得道時的境地叫做「法悅」，化學、科學上的這種滿足感也可稱爲「理悅」。

先人以地球上的物質爲對象，做研究的結果得了許多原理、法則、理論。又例如周期表，先人發現多種元素後整理系統化，得出此表；之後，現代人進一步以人工造成以往不存在的新元素，使周期表增大了內容。一方面化合物是兩種以上的元素，或多種元素以一定的比率結合造成一定立體關係的分子純品。天然界既有的衆多分子以外，人類也創造了許多新分子、新物質，有些是很有用的。

很幸運地，我大學畢業後長年作純正化學的研究，終於能夠完成三百多種新有機矽化合物的創造，繳出這樣的成績單才退休，算是不虛渡此生，亦略有前述「理悅」的感覺。

(3)專攻有機化學

就讀「台南高工」時，佐久間科長沒有爲我們把有機化學的全貌基礎知識打好，我必須自行用功補此缺失。經用功後更知道有機化學的內容豐富，對人生的關係殊深，加上當時台大化學科的有機化學講座由加福均三博士爲教授主持，野副鐵男博士爲助教授(等於副教授)，都是學問人品頂呱呱的人物，所以就選定做他們的門徒，專攻有機化學了。

加福教授爲人豪爽，知識廣博，有機化學之外，尙精通理論化學及應用化學。野副助教授爲當時少壯派的優秀分子，他在研究實驗方面的努力，正如「鐵男」之名所顯示的，不知疲勞爲何物，一分鐘時間常當做兩、三分鐘來應用的。

我眞高興能遇到這樣好的老師，讓我充滿了幸福的感覺，佐久間教授的惡劣記憶逐漸消退，畢竟帝國大學的教授與專門學校的教授是大有不同的。也許佐久間教授是特別壞的例子，如竹上教授、林茂生教授，或電氣工學科的譽田教授(檢舉佐久間教授之亂行，後來轉昇爲九州熊本大學教授)等雖是專門學校的教授，不是也都很好麼？

台北帝大在當時日本社會中，教授陣容算是相當高水準的，相對地在學術上的貢獻也相當不錯。如：

農學部磯永吉教授育出新品種的蓬萊米，解決了日本一億人口的食糧問題。

氣象學白鳥勝義教授、小笠原和夫助教授等確立南方氣象學新理論，而足以與日本本土氣象理論對立並存，且對美國開戰時，由南方氣象的特性，選擇偷襲珍珠港最有利的時機，以利隱密行動，且使敵方不易發現，有其貢獻。

物理學荒勝文策教授對「重水」之研究，可視先於美國直迫原子核之探搜，亦可視爲原子能研究的先驅。

特別是化學野副鐵男教授，由研究阿里山產的扁柏油成分，而開拓出前所未聞的新物質七角形芳香化合物群(Troponoid)的知識，並以此曾入圍諾貝爾化學獎(Nobel Prize)候選人。

因此，台大化學科形成一種濃厚的研究風氣的傳統，日本人戰敗被遣送回國以後，本島人士尙能維持這種傳統，克服惡劣的環境，苦幹堅忍、以身作則、示範求眞的熱情及應有的風度，而各有若干成果，亦引導後學者對求眞的興趣，李遠哲的成器，獲得諾貝爾化學獎，即爲一實例。如今，後進學子，濟濟多士，但望發揮潛力，對人類有所立言、立功。

四、壯年回憶

(一)留校研究

一九三六年七月三十一日(農曆六月十四日)，在我大學二年級放暑假時，一代人豪、英俊能幹的父親，竟辜負其雄心壯志，未及見我成家立業，而以六十一歲之年辭世。此時，由於永溪兄不法，偷用我父親的印章，害我受損。宗燈七叔又私心不智，使我深受痛苦。他們兩人都是我父親栽培提拔的人，竟於我父親辭世後如此對我，想起來就悲憤難抑。幸好，七叔之子盛世堂弟明理善處於後，彼此間親密如故。至於永溪兄給我的損害，則蒙受冤枉到底了。

一九三八年，我自台北帝國大學理農學部化學科畢業得理學士後，留校繼續研究，五月受命副手，這是一項無薪的工作。

日本統治台灣，不僅在教育上有歧視，在工作的機會和待遇上也有差別。「以官吏俸給爲例，日本人在台灣當判任官(相當於現有的委任)加給六成，高等官(薦任以上)加給五成，還配有宿舍，台灣人則什麼都沒有。」❶所以當時日本人與台灣人之待遇差別大約二對一。

即以任職助手(助教)爲例，不單人數受限制，以日本人爲優

❶林忠勝撰述：《朱昭陽回憶錄》，頁 41。

先，在待遇上，日本人有加給及宿舍，合起來月薪在一百三十日圓以上，而台灣人則只有六十日圓本俸，無任何附帶收入。

我對羊毛脂之脂肪酸群當中，中級分子量部份已作相當分量研究，現再進行高級分子量部份及低級分子量部份之探究，高分子量部份暫以系統的再結晶法作分離、提純。最初以甲基酯(Methyl Ester)形狀予以減壓蒸餾，之後改作游離酸(Free Acid)或醯胺(Amide)形狀連續再三再結晶，期望單離出純物以便檢查有否新化合物，如有，則研究其分子構造。

羊毛脂低級脂肪酸成分之研究法，因其分子量小，揮發性大，容易跑掉，因此用較多量之羊毛脂開始，取出酸性物質改作甲基酯，再用減壓加熱法並用冷卻捕集管(用冰)來抓住揮發性物質，終於確實証實 C_4 酸及 C_5 酸與中級脂肪酸同系列。羊毛脂內的脂肪酸後來所得之結論是，由 C_4 酸開始一直到 C_{30} 止約廿七種全部都是分支長鏈構造。C_4、C_6、C_8…C_{30} 等是  COOH 型，C_5、C_7、C_9…C_{29} 等是 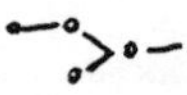 COOH 型，後者因有不齊碳原子，所以帶有右旋光性，但沒左旋性物質出現過。式中·表示分子內的碳原子及其連結法。※·表示不齊碳原子，引發旋光性的原因。

此時，日本花王石鹼株式會社社長長瀨富郎及技師長川上八十太兩氏來台，經野副教授介紹與他們認識。言談之間，很明顯地感受到日本內地的社會相當厚道，連商人的言行都很有禮貌而尊重對方的人格，這與在台灣看到的多數日本人對比之下，實在有天壤之別啊！

不久，我就變成花王公司在台灣的研究人員了。薪水花王出，工作在台大由野副教授指導。這應該說是野副教授的善意，也是較好的一種安排，讓我以台大的無薪副手，兼任花王研究人員，可以拿一百二十日圓的月薪，又可以自由出入台大，利用台大一切設備。至於將來性，堂堂大學教授千萬別想，因爲這是殖民地的宿命。研究成果若是好，也許幾年後得一個博士學位，出任民營工廠主管或工業公司幹部，這已是最好的結局了。

滿洲被日本人拿去經營，如果成功，將來社會情形也許有所改變，技術人才會是越多越好的。若是日本人經營失敗，那就是日本帝國主義崩潰的時候，也可以看做是漢民族復興的契機了。我心裡這樣想，卻不能講出口，因爲在日本人的立場來看，這是有「二心」了；而他們絕不會承認「二心」是他們自己的政策逼出來的。

㈡我與「花王」

1. 日本之行

一九四〇年暑假，我以花王公司研究人員的身份，攜帶一批羊毛脂脂肪酸甲酯(Carboxylic Acid Methyl Esters)數種，坐輪船到日本東京花王石鹼向島工場(即大日本油脂株式會社)去做高壓還元實驗。當時該廠有大小規模不一的許多高壓還元器，以鎳觸媒(Raney Nickel)或銅鉻(Copper Chromite)觸煤及氫來還元酯肪酸，改爲相對的醇類。因羊毛脂中之脂肪酸分子構造特殊，所以還元後也必得特殊構造的醇類。

花王公司安排我住在お茶の水的日昇館，每天坐火車到向島的工場，大約作一個月多才結束工作。然後趕往北海道札幌市北海道帝大，參加日本化學會第六十二年年會。

由日昇館每日坐國鐵來往向島的經驗，讓我體會到大都市的上班族，他們是如何爭取時間及忙於工作的樣子，早報都是在火車上看的。

我在花王本公司接觸到很多人，再度感受到日本內地的人，言談總是用敬語，既禮貌又厚道。

由東京坐火車去札幌時，越往北走，沿途的人的口音越帶方言鄉音，在仙台市的火車月台上賣報紙的到處高聲叫：「sun-bun」而不是「sinbun」。青森市的酒家女叫酒客：「Anchian」也許是暱稱，然而確實與東京是不同的。乘輪船渡過津輕海峽後，在函館住一夜，所見到的人都講標準語，鄉音沒有了，只有一海峽之隔，口音變得這麼快，他們還說我的口音是東京腔呢！

當時，我覺得札幌是個好地方，然而不知道爲甚麼蒼蠅那麼多，在餐廳喝啤酒，老是有蒼蠅停在桌上，甚至停在啤酒杯上。八月天下一場雨，電車的女車掌竟然穿上了大衣，使我嚇了一跳。北海道帝大校園的又高又大的樹木上，偶爾烏鴉突然大聲地：「啊！啊！」的叫聲，使在台灣長大的我覺得特別新鮮。

這一次學會，日本全國的化學家集合到北海道帝大，台北帝大也來了幾位，各帶研究心得交換意見。會後有一團往樺太(庫頁島)旅行，我因想回家，沒有參加。如今樺太(庫頁島)已是俄國的領土了，更是不容易去了。

2. 台灣「花王」

由羊毛脂的成份研究發現其成份不含甘油，而脂肪酸類亦是有支鏈的構造，因而引起我對其他哺乳動物皮脂的興趣，而且脂肪酸結合的對手是一批類脂醇類(Sterols)，這一點又和一般動植物油不同。於是，我搜集多樣材料探索其成份以便比較，曾經入手駱駝毛、馬毛、男人頭髮、女人頭髮、小學生頭髮、婦女面皮油(對花王工廠內女工供給洗臉劑，請其夜晚睡前洗淨面部，第二天起床時以乾淨濾紙擦臉收集而得)等脂作成份研究，結果確認這脂質都不含甘油；而主要非脂肪酸部份(也就是與脂肪酸結合的對手)都是類脂醇類(Sterols)，尤其在男女髮脂(以乙醚洗沖毛髮而得之油脂)中，証實低級脂肪酸有右旋光性，這一點和羊毛脂相似。

然而，男女髮脂中之脂肪酸主要是十六酸(palmitic acid)及十八酸(stearic acid)，此爲極平常之成份。同時也証實特異成份兩種，其一是 $\Delta^{6.7}$– 十六烯酸($\Delta^{6.7}$–Hexadecenoic Acid)，其二是人毛二十酸(Jinmo–arachidic Acid)，兩者都是新發現的化合物。

此時，正值二次大戰最激烈的時期，航空潤滑油及一般車輛潤滑油逐漸匱乏。因此，我也受命作植物油的空氣氧化、白土加熱氧化等研究，以謀增加油脂粘度，以作潤滑之用；或將魚肝油中之六稀三十烴(Squalene)和甲酸一起處理，使其閉環而增加粘度，以試可否代用等工作。另一方面對針葉樹松柏葉中之末端羥基十六酸(w–Hydroxypalmitic acid)試行作大環內酯(Lactone)也告成功，製出了麝香代用品。

一九四三年，日本花王公司另行在台灣設立一公司，名叫「台灣花王有機株式會社」，工廠設於台中沙鹿，以米糠為原料，生產米糠油以補食用油之不足。

我任該廠技師補，一方面在台大研究，一方面兼顧廠務，月薪三百日圓，相當於大學講師與副教授之間的待遇。

其實，我不過是一兩個月出差去沙鹿工廠一次、一兩天而已。看到工廠裏面的軍隊式的訓練和管理法，我又想起在高雄淺野水泥廠所聽到的工人們的訴苦的聲音。我這個技師補雖然不會被日本人整到那樣厲害，然而我也是本島人，他們的心目中怎樣看我？我又怎樣看他們管本島人？旁觀者嗎？幫兇嗎？還是閉眼裝瞎呢？這些事情使我對去沙鹿出差感到痛苦，當然也談不上幫忙本島工人作反抗了。

然而，更痛苦的事不久就要發生了。

㈢徐征與我

一九四四年四月，日本憲兵隊終於找上我了。

日本憲兵隊找我，是由徐征及台北帝大醫學部學生之活動而來的。

徐征先生是北京人，大我三歲。一九三八年，他應台北帝大文政學部之聘，自北京前來台北教授北京話。

斯時，我已從台北帝大畢業，留校作研究工作，與徐征時有往返，遂成莫逆之交；他的子女叫我「爹爹」，並口頭上說其次女徐琔做我的乾女兒，因此我結婚之前就有女兒了。徐琔後來讀北一女，考入台大歷史系，畢業後入研究院，後往法國巴黎留學，取得博士學位，回國後任職故宮博物院，並改名叫徐純。一度赴美，任職於普林斯頓(Princeton)大學，現任國立臺南藝術學院教授。

之前，我曾自己單獨學習北京話，略有基礎，但發音未必完全準確，與徐征成爲好友之後，他不單把我的不標準的北京話教準，也把中國大陸的國民黨政府的情形約略告訴我；能經由北京來台的中國知識分子，知道一些中國眞正的事情是非常難能可貴的。

當時，在日本人統治之下，雖然台灣人內心希望民族自決，可是由日本人傳來的消息，盡是：支那人沒有愛國心，支那人有許多壞習慣，上海的公園，禁止狗和支那人入內等一類的負面訊息。

當然，台灣也有小部份人去過大陸回來的，這些人多半在太陽旗治外法權的保護下，到大陸去開烟館、印假鈔的，絕對不會告訴我們中國人如何求生存於列強欺壓下的世界。

徐征談到國民黨政府之理想及作法等問題時，讓我們益覺得漢民族必須復興，有漢人血統的台灣人，應該協助漢民族的復興工作，民族復興，自立自強，當然沒有帝國主義敢來欺負，帝國主義下的殖民地人民就可以獲得解放了。

我自己是學科學的，科學在民族復興的工作上是很需要的。所以我下定決心，要充分地吸收科學知識，以備將來之需。有朝一日，眞的實現了這個理想的話，一切由殖民地政策所帶來的傷害、痛苦都會消失，而可以做一個堂堂皇皇的一等國民。這樣夢繫祖國的想法不只是我一個人，台灣人的知識分子中很多都是懷抱這種想法的。當然，也有少數例外，民族意識不夠堅強的人，就不敢這樣想，甚至當台奸的也有。

徐征告訴我們日本積極侵略中國，發動「九一八」事變，佔領東北；發動「一二八」事變，進犯上海；發動「七七」事變，挑起中國的全面抗戰。使我們了解、敬佩中國的抗日的艱苦、勇氣及其正當性，也激起了我們的敵愾同仇，不少熱血奔騰的台灣人無形中變成了一群非祖國籍的愛國者，暗中同情並期望能投入中國抗日的行列。

徐征在台大醫學院也教一班北京話，好幾個醫學生和他很接近，一些民族意識特別強烈的學生，不甘心在台灣看日本對中國的一再侵略，而圖謀偷渡大陸，遠入重慶，參加抗戰，其中就有台北帝大醫科學生郭琇琮和蔡忠恕兩人，利用暑假赴廈門旅行，要參加抗日，不得其門而入，才又折了回來。

日本憲兵隊早就佈置線民學生監視這一群人，發現是徐征教的北京話班裏的學生，因此憲兵隊於一九四四年四月十七日逮捕了徐征、我、杜凡、郭琇宗、蔡忠恕、陳國珍、藍思齊等七人。杜凡是留學過中國而在台北開設北京話講習班的人，而郭、蔡、陳、藍四人則都是台北帝大醫科的學生。

㈣憲兵抓我

一九四四年四月十七日這一天，日本憲兵在南港我家等我下班回來，要我打開櫥櫃，讓他們查看有沒有無線發信機？書房裏日文的國民黨歷史、汪精衛的詩集、周佛海的三民主義解釋和我自己的日記數册等，通通被搜去做爲檢查我的資料。最糟糕的是我的日記裏不斷地記錄我的感覺，我恨日本殖民地政策的不公，我恨日本警察的蠻橫，我恨日本侵略中國，南京陷落時、台灣上下被逼祝賀，我爲中華民族掉淚！

這些記錄使我無法否認我是民族主義者。憲兵青木上士、齊藤上士等，他們輪番上陣，要我說出同黨有誰？組織何種團體？有何計劃？要作甚麼活動？身受日本教育，爲何不跟日本人同心？假如美軍登陸台灣，我要如何行動？假如登陸的是重慶軍，我又將如何？他們對我的回答不滿意時，往往酷刑侍候。有時罰站到腳腫，又不准睡眠，讓我又疲又累，難於支撐；有時給我灌水，把我衣服脫掉，兩手交叉綑綁於背後，以毛巾蓋住我鼻孔、嘴吧，然後讓我仰臥地上，用一粗大橡皮管將自來水衝注毛巾，讓我呼吸困難，幾至窒息，極盡虐待之能事，還挖苦說：「有時洗一個澡，也不錯吧！」

在訊問中我曾說過：「久坐黑牢的人，也希望看看藍天！」

齊藤說：「是麼？好，我就讓你看看藍天！」

於是，他以很長的痲繩、綑綁我的雙手交叉於背後，然後帶到二樓陽臺兼走廊拐彎的角落，天花板上預先設有一滑輪，將痲繩一端穿入滑輪，用力一拉，把我吊起、腳尖離地約五寸，固定繩子，就走開了。正如他說的，我能充分地看藍天之美了。然而，全身的重量都繫在手腕，先是疼痛，然後是痲痺，幾十分鐘後，腕部已無知覺，只剩肩關節之劇痛了。

我相信我沒有理由受此刑罰，就算有罪，也應經過法院判決，但這些日本軍人目無法紀，違法亂紀，泯滅人性，踐踏人的尊嚴到極點。

牢房又髒、又黑、又狹、又臭。通風不好，日光照不進來，廁孔的惡味漂流，蝨虫任意爬動於囚人身上，人與動物幾乎沒有差別了，想起早年背文天祥〈正氣歌〉中的一句話：「哀哉沮洳場，爲我安樂國。」蚊子咬已沒有感覺了，只求能保命就好了。

最後一個訊問我的日本憲兵是飛鳥准尉，他說：

「你受很好的教育，也作好研究，又爲何對日本那麼不滿？」

「因爲日本人對台灣人太不公平，社會上台灣人受差別待遇，受歧視，日本人處處壓迫台灣人。這樣的現狀等於不斷地告訴我：『你是和日人不一樣的異族』，如有同胞愛及正義感的人，對這樣的現狀會滿意嗎？」我回答說。

「嗯，好像有一點道理。」他一時沒再說話，過一會兒又緩緩地開口：「雖然，現在我是訊問者的立場，然而我也曾經被認爲是左派。依我看，你從前是以拿博士學位爲理想，而後來好像還有更高的理想。今天，以一個男子漢，打開天窗說亮話，告訴我你的理想，如何？」

「那是容易又簡單的事啊！我也不保留什麼，我的理想是充份學習科學之後，爲漢民族的『民族復興』效勞。」

「我了解你的想法，但我有一個感覺，好像你對支那人有一點自卑的傾向。你受了日本最好的訓練，毫無必要如此卑視自己。」

「不，我相信漢人與臺灣人是同族同等，誰也不會卑視對方，現在，仍在卑視臺灣人的是日本人。」

這是最後一段對話，在數十年後的今日，回首前塵，飛鳥准尉所說的話也有幾分道理，深信中國人與我是同族同等的我，直到「二二八」事件之後，始悟出：「中國人一直卑視臺灣人，而我不自知。」同時，我也發現我向飛鳥准尉所說的：「漢人與臺灣人是同族、同等，互不卑視」那句話，也是自以爲是的謊言了。

在 DNA 的知識發展之後，「臺灣人是否漢人」都需要爭論的今日，對「漢民族復興」的感覺，好似日本史上古代的神話，好美麗的神話喔！

我們被拘禁期間，連大便用紙都要向憲兵拿才行。有一天，一個同是被拘禁的人要到的大便紙是舊報紙，赫然刊登日本海軍大敗，聯合艦隊司令官山本五十六戰死的消息(按：此事發生在一九四三年四月十八日，山本大將的座機在所羅門群島上空被美機擊落殉難)。此人將這報紙留而不用，偷偷地傳給大家看，我們因而知道日本已日薄西山了。

我那時想，就算日本憲兵要了我這一條命，能換來民族的復興也夠划算了。

日人治台雖然標榜法治，但在戰時並不尊重人權，說抓就抓。先以通敵嫌疑追查我們有何計劃，等到查不到任何證據時，就改口吻說：

「整個台灣實行要塞化的時期，你們精神沒有動員，應該治療、治療。」

如此，從四月十七日治療到八月廿四日晚，才把我放出來，總共拘禁了一百三十天。其餘的人也是前後相差一兩天放出來的，然而徐征出來後卻仍在嚴密的監視下，直到日本戰敗投降，始獲得自由。

此期間，母親爲我消瘦，我姐爲營救我，到處求神問卦，東奔西走，其緊張與憂慮是不難想像的。

在日本憲兵隊拘留場內，我遇到謝娥女醫師。她和兩位台北二中的學生郭宗清及陳炳基是涉嫌另一抗日事件被捕的，因被捕的人多，場地不夠，謝娥醫師和我及其他互不相干的數位男、女，都被關在同一間房，兩星期後始分散到別處。

日本憲兵是非常不講人道的，當我們被關在一起時，謝娥是廿七號囚，我是廿八號囚。謝娥告訴我說：「憲兵強迫她跪在水泥地面，將四臺尺長、直徑約三臺寸的粗竹管，橫放在她雙膝後彎曲部，在左、右竹管兩端，各站一個大兵，使她雙腿承受兩個男人的體重。」

「謝娥在獄中飽受折磨，乾弟林道弘曾去探望她，看到她遍體都是被鞭打的傷痕，心疼而流淚，謝娥反倒安慰他：『我都不哭，你哭什麼？』」❶

一九四五年八月，日本戰敗投降。九月，謝娥獲釋，在延平北路行醫，開設「康樂醫院」。「二二八」事件發生時，誤信陳儀，講話過度袒護陳儀而觸衆怒，醫院被搗毀。後避往美國，就讀哥倫比亞大學，一九五三年，獲醫學博士學位。一九七〇年，出任紐約州衛生局長，也擔任過洛克斐勒醫學中心副董事長等職。十

❶莊惠惇：〈臺灣政壇第一位女將——謝娥〉，《臺北人物誌》(第一册)，頁93，臺北市政府新聞處，2000年11月出版。

幾年前中風回台，不幸，於一九九五年十一月在台北逝世。

郭宗清後來官拜上將，曾任國防部副部長等要職。

陳炳基逃往大陸多年，近年來，往、返兩岸。

當時，另有一名台北高等商業學校的學生雷燦南，也被日本憲兵拘捕。他是淡水人，也是民族主義者，他平生所景仰的就是東大出身的「人權」律師陳逸松。他被日本憲兵拷打成瘋，不斷地叫、喊，監視兵大聲要他閉嘴，過不了兩分鐘又發作，終於遭致監視兵用竹竿由牢房外亂刺，不管刺中他身體的那一部位，我還聽到他大叫說：「你刺破我的睪丸了，害我不能生子，懂不懂？」每晚睡前，他正式跪坐面西，遙拜祖國。赴義時高喊：「陳逸松萬歲！」

一九四六年，終戰後的第二年，陳逸松與王昶雄等，在淡水爲雷燦南舉行隆重的追悼會。❷

我被釋放後，回到學校，野副教授並沒有責備我，他只以實際行動表達他對自己國家的忠誠，他日夜不停地工作、實驗，三餐回家吃，吃完又回學校工作，到晚上工作累了，就睡在教授室裏。

不久，美機就開始空襲台灣了！

(五)空襲‧疏開

一九三七年七月七日，日本發動「蘆溝橋」事變，挑起中國全

❷王昶雄：〈陳逸松回憶錄序〉，《陳逸松回憶錄》，頁 10。

面抗戰。一九三九年九月一日，德侵波蘭，爆發第二次世界大戰。一九四一年十二月七日，日軍偷襲珍珠港，促使東西大戰合流。

日軍初期勢如破竹，一面深入中國內陸，但終陷泥沼，不能自拔。一面席捲南太平洋，占領馬來亞、菲律賓、關島、新加坡、印尼、緬甸等地；但自一九四二年六月，中途島海戰爲美軍所敗，情勢開始逆轉，西南太平洋聯軍統帥麥克阿瑟採用「越島攻擊」的戰略，自澳洲發動反攻，日軍節節敗退。

及至一九四三年十一月三日，台北響起了第一次空襲警報，繼而於同月廿五日、翌年元月元旦、元月十日等都發出空襲警報，雖然台北尚未眞正被炸，但整個社會已被沉重的低氣壓所籠罩了。到了十月十二日，盟軍飛機千餘架，轟炸台灣各地。

斯時，日本人揚言要把台灣要塞化，動員物質和精神，凡是不和軍國主義合作的通通抓起來，像我這種不贊成或不滿他們做法的人，很多都被抓了。而在食物方面，已經相當缺乏，實行配給，有錢不一定能買到肉、油、糖等物。

此時，日本敗象已濃，美軍隨時都會來空襲，圓山動物園內的猛獸萬一失控逃出來，其禍害可大了，因此利用三千伏特的高壓電、通通電死，以杜絕後患。其死屍送到台大生物學科做實驗，數目一多就將其肉分送同仁，在食糧、油、肉一切缺乏的時候，能分到一點獸肉也是難得的事。我記得我也分到過一些熊肉，就把它當做跟豬肉、牛肉一樣，煮熟吃了，雖然已經記不得味道如何了，但當時的感覺確是蠻高興的。

空襲越來越密集，人心也越來越不安定，辦公不能定時，沒有空襲時辦公，有空襲時各自逃避。心想，如美軍登陸台灣，像我這樣民族主義者，可能被日人送到最前線借美軍的火力清除掉，不然，乾脆再抓起來集體消滅掉，那時劉家的香火也將斷絕在我手了。

一九四五年五月六日，台北帝大本部受到一次嚴重的轟炸，多處受破壞，並留下多枚未爆彈。

五月卅一日，台北又挨一次大轟炸，萬華龍山寺、台北火車站、台北帝大、新公園、總督府一帶都中了彈。

總督府右肩被削去了一大塊，自早上燒到晚上，火仍未熄，連躲在地下室的人也死了不少。

台北帝大醫學部，一位日籍教授被炸死；在本部方面，一號館生物學科三樓鋼筋水泥屋頂被炸穿，一號館與二號館中間路面被炸一個大洞；文政學部大門也被炸掉一部分。校園內椰林大道的椰子樹有的被炸斷，有的被破片削去大半。本來整整齊齊的椰林大道變成高低不一、枝葉不全的破相風景，連二樓圖書室內書架上三千多頁的厚書也被破片挖空了一大塊。

當天，火車已經不通，我只好一步一步從學校走回南港。當我晚上八點多鐘，摸黑走到南港火車站附近時，不知何故，聽到不遠處傳來悽厲的哭聲，直到第二天早上，才知道有一八口之家，以爲戰爭時期，南港較台北安全，遂舉家從台北搬來南港賃屋而居。不料，那一天美機來襲時，松山機場停有一架日本轟炸機，聞報緊急起飛想逃，但已來不及了，在上空的美機一掃射，剛起飛的機身中彈搖晃，又碰到電線桿及電線，飛機正好掉落在這一家民房，八人當中，一人到山上煤礦工作、另一人躲入防空壕倖免於難，其餘六人偕亡，殘存的兩人為死去的六人哀號痛哭，這種悽慘的情景，眞是令人鼻酸！

當我聽到這消息時，全身直冒冷汗，想我家和受難之家距離只不過三百公尺，眞是太危險了！也使我感覺到在戰爭漩渦中的每一分子，其生命實是朝難保夕啊！

美軍開始空襲台灣，台北難做實驗了，因此，台北帝大化學科只好將有機化學講座與台灣花王有機合作，全部搬遷入山，我們坐輕便車，穿草鞋入山過河，疏開到成福，在那裏租屋蓋房，維持研究、實驗於不墜。

㈥烽火情緣

張歐梅小姐是太平町(今延平北路)豪商張東隆主人張東華先生的第四千金，一九二二年九月九日生。不久，其生母康蜂女士辭世，由繼母李滿女士養育成人。台北第一高女畢業後，留學東京女子高等學院英文科(東京昭和女子大學前身)，畢業後回台，經由台北帝大英文科工藤好美助教授介紹，而任職於台北帝大圖書館。

我友林龍標是工藤助教授的門生，我經林君居間介紹而認識張小姐，又因每天上、下班在公車見面的機會多而逐漸深交，相互了解。更何況在一個受異族欺壓下的社會裏，有良知的知識分子的內心，都容易產生一種共通的感覺。

一九四四年四月的某一天，我和認識不久的張歐梅小姐相約幾天後要到永和阿素表姊(表弟江貴元之姐)所開的食堂，在食物缺乏的日子裏，靠親戚關係打一次較豐盛的牙祭，哪知還沒等到那一天，我就被捕了。而這個錯失了的牙祭，竟延至一九四五年元月二日才兌現。

我被抓去一百三十天，她好久都見不到我的人影，很是憂心，後來才打聽到徐征先生和我等一批人被捕的消息，會不會活著出來也沒把握。當時在日本憲兵的控制下，殖民地的人民，人人自危，和被捕的人相識，也算是一種罪惡，搞不好還會引來殺頭的後果。八月二十四日，我被釋放之後，她不計後果，仍願意繼續跟我交往，我們之間由了解而共鳴，由共鳴而相愛，終於決心攜手共度漫長的人生，而不拘財物之多寡及家境是否豪華。在當時日人的淫威下，許多兼有財勢的所謂御用紳士，假威弄勢，而其子女矯慢於同胞，自甘奴膝於異族者大有人在，我這個科學工作者能找到這麼一位不嫌棄我無財無勢，而願意同做民族復興的美夢，共度一生的小姐，眞是三生有幸、祖德流芳。

因此，我們決定結婚，乃委請工藤教授正式向張家提親，於一九四五年三月廿七日訂婚，四月十日步上紅毯。當時我三十四歲，她二十四歲，她不介意兩人相差十歲，眞是難得。

婚禮是在空襲警報中冒險舉行的，雖然穿禮服、照像依舊，身邊卻帶著鐵帽，以備空襲，南港的喜宴亦在燈火管制下勉強進行。

結婚第三天，就不得不逃入防空洞避難，而途中新娘還因不慣走田間小徑而掉入茭白筍池，弄得一身泥水。到晚上，我家門口鐵路上停駐了一排裝載軍用汽油很長的列車，因美機掃射而引起火災，每隔三、四分鐘就有一桶汽油爆炸，火光沖天，不知何時才會終止？已經燃燒的貨物列車沒人救火，直至燃燒殆盡，眞是恐怖。

雖然南港後山挖了防空洞，全家有避難的地方，但卻有住不下去的感覺。

剛好台北帝大化學科有機化學講座與台灣花王有機合作搬入成福，我也決定跟他們一起入山。我母親同意和我一起走，然而我姐堅持要與養女巧雲留住南港，我只好帶著母親、妻及一小童工搬入成福。

舉家疏開到成福之後，始能夜眠不驚，在成福部落台北帝大租了兩間店面改作實驗室，每天忙著安置儀器，自行室內施工、配裝電路等。

成福醫院的女主人是以前住過我家的親戚，暫借一房間給我們居住，因其距離實驗室近，白天也在醫院吃飯。然而，大部份的家具，還是另借過小溪的劉家廂房放置，主要居住地也在這裏。

成福的小溪有鮎魚(香魚)，但到下游就沒有了。鄉下的蚊子眞多，黃昏時成群作響；劉家種的青菜可以共享，有時鄉下有人偷殺豬以應黑市，我妻梅曾以嫁粧布料和他們換豬肉來果腹。

這樣過了二個月，日本投降了！

㈦奇緣人生

1. 牢房相見

一九四四年四月十七日，我被日本憲兵捉去，留置在牢房裏，不時接受傳訊、酷刑。到了七月中旬的某一個下午，野上上等兵左手帶著「補助憲兵」的腕章，站在留置場內一牢房前，眼看牢中，不客氣的說：

「喂！二十八號囚，出來！」

我就是廿八號囚，心想：「又要訊問了，說不定是『野蠻治療師』齊籐上士的拷問？」

走出原木矮小牢門的我，因久不作運動，走得不太穩，跟著他一步一步地走，走了一段走廊時，他指著右邊的空地，命令說：

「以竹掃帚掃那邊的地面！」

大約有二十坪左右的空地，有三、四棵榕樹和樟樹形成的蔭影，地面沒有長青草，我在掃地時，他慢慢地走近我，把沒有濾嘴的香烟遞到我面前，小聲地說：

「抽一根吧！」這一下語調已不是軍人調了。

「我不抽烟呢！」我有點意外地說。

我並沒有停頓掃地的動作，但確有不順的感覺，大概是因爲長期不用手的關係吧！也許他也感到意外，牢中之囚犯偷偷摸摸地抽烟，深怕被監視兵發現，而現在我竟然說不抽。片刻後，他以更小聲說：

「這一次，你們好苦哦，愚蠢得不像話。有一天，會成爲大笑話！」

我一時領悟不到他的意思，但至少可以了解他是同情我們、而批評憲兵的作法，可是他是「補助憲兵」，互相立場不同，不可不小心。「補助憲兵」不是專業憲兵，而是戰時依動員令召集之步兵，臨時調來憲兵隊當「補助憲兵」。其最高階好像是上等兵，也有一等兵，他們的任務是二十四小時輪流站崗，監視囚犯。他們虐待囚犯而享受這種快感，囚犯當然也成爲他們洩恨的出氣筒了。他們高興就大聲發令：「正坐！」強迫囚犯屈膝跪坐於硬木板，喜看囚犯久跪雙腿痲痺之痛苦。他們將訊問完的囚犯押回牢房時，故意不打開房門，就叫囚犯進去，單純的囚犯不疑有他，就伸手要開門，此時他就重重地對囚犯一拳揮過來，還邀功似地大叫道：「他媽的，以囚犯的身份還敢自己開牢門！」

在不懂人權爲何物的憲兵隊內，野上上等兵對我的行動我覺得奇異而不容易領悟其眞意，不過監視兵的對話間，我是聽到了這麼一句：「野上上等兵這個傢伙，對囚犯心太軟了！」

從那時起，再也看不到野上上等兵來站崗了。後來，我也在拘禁一百三十天後被釋放了。

2. 夫人結緣

一九三九年春，張歐梅小姐赴東京留學，就讀日本女子高等學院(今昭和女子大學)英文科。

神作柳子女士是由臺灣高雄到東京去留學的，也是該校英文科畢業的前輩。神作女士很優秀，除了在該校女子中學教書外，也在學院英文科任課並兼舍監，照顧住宿學生。因爲張歐梅小姐也是來自臺灣的住宿生，兩人之間，更形親密，更多照顧。

後來，神作女士回臺灣和野上丹三結婚，姓名改作野上柳子。她深愛英國文學，常到臺北帝大聽英文科助教授工藤好美先生講課，並受他的指導。

張歐梅小姐畢業回臺，經由野上柳子拜託工藤助教授，再由工藤助教授介紹到臺大圖書館外文目錄組工作。

我的好友林龍標，是臺北帝大英文科畢業，很敬愛工藤助教授，畢業後仍有往來，他在拜訪老師的研究室時，認識了張歐梅小姐，也常順便到我的研究室看我這個老友。

大約在我畢業臺北帝大化學科、留校作研究的第六年時，有一天，林龍標突然來看我，暢談世事後，一起坐公車到市中心想找一個地方吃飯，就在公車上，他看到張歐梅小姐也上來了，就點頭打招呼，並介紹我們認識，就這樣後來變成我妻子的人出現在眼前了。

一九四五年，我們結婚時曾以書面報喜的方式通知野上丹三夫婦，他們如何感覺我們也無法知道了。繼而日本戰敗了，日人全部遣送回日本本土，臺灣走自己的路了。

十年、二十年過去了，日本、臺灣之間可以通郵的某一年，工藤好美教授由日本寄來野上房雄之作文集及其他若干別人的文學作品給我們，並說野上房雄是野上丹三的次男，九歲就入選蘇聯舉辦的國際兒童作文競賽會，因此一度名揚日本，可惜的是，此天才兒童不久就夭折了。

在那些別人的文學作品中，我們發現有一篇談及日本戰敗後在臺灣日人苦難的文章，略云：

「戰前或戰時中欺負臺灣人的日本人，現在變成被報復的對象，三更半夜，一戶接一戶地被打破門，家中器物遭破壞，家人被打得半死，好可怕！然而一群又一群的人都打到鄰家，卻沒打到我家來，仔細一看，是杜凡站在附近告訴那群人說，我家是好人，千萬不要打。」

文中也發現我劉某的名字，我至此才想能夠同時提到杜凡及我的名字的日本人，必是日本憲兵。因日本憲兵把我、徐征、杜凡及臺大醫學生幾個人一起捉去，看做同一案件辦。我認識的日本朋友，沒有人會把我和杜凡放在一起，又值得杜凡保護的憲兵有誰？除了野上上等兵以外，恐怕沒有別人了。至此，我可以斷定「補助憲兵」野上上等兵，就是野上丹三，也就是神作柳子的夫婿，野上房雄的父親。也是當年給我香烟、叫我掃地的那個人。

一九七二年，我們夫婦到美國參加國際有機矽化學討論會。同時，主持長子婚禮。在回國途中，到日本大阪府枚子的野上家，想一續昔日之奇緣。不料，野上丹三已因癌症去世，只見到柳子夫人。思念舊情的野上柳子夫人，作了兩首詩寄給我們，譯之如下：

「君以笑容，談起昔年被日本政府捕去的事。」

「戰日離別，絕音三十年，今逢卿已是教授夫人。」

一九八三年，次子學新任職花王石鹼本社，我妻攜媳、孫赴東京，使他們一家團圓。昭和女子大學之同期同學聚會敍舊。野上柳子夫人專程由大阪趕來東京，且住旅館以便配合盛會時間，使我們感激不盡。她還在會上宣稱：「張小姐之先生，不單外表好，內心之思想，更是值得佩服。」我們嚇了一跳，我們從未談到過思想問題，諒必是從她夫君野上丹三聽來的吧！

後來有一次，她造訪在沙烏地阿拉伯的長子的旅途中，順道來臺灣訪問我們，我妻同學校友在臺北來來大飯店宴請她，算是最後一次見面，其後只有通信連絡，至二〇〇二年，她就與世長辭了，結束了人世間少有的奇緣！

五、「光復」初期

(一)日本投降

日本在南太平洋的戰爭，自中途島海戰爲美軍所敗，形勢開始逆轉。

西南太平洋聯軍統帥麥克阿瑟自澳洲發動反攻，採「越島攻擊」的戰略，沿所羅門群島、新幾內亞、印尼向北推進，於一九四四年十月登陸菲律賓，翌年一月進入馬尼拉，實現了「我會回來！」(I shall return)的諾言。

美國太平洋戰區總司令尼米茲上將也自夏威夷領軍西來，於一九四四年七月，攻克日軍在太平洋的主力據點——塞班島，旋又進佔關島、硫磺島。

至此，美軍新製造出來的 B–29 長程轟炸機，飛行航程長達五千六百公里，不僅可以塞班島和關島做爲基地，直接轟炸東京、大阪等地，還可遠離日本飛機的攻擊，勢如破竹。

美軍解放菲律賓，轟炸台灣，登陸琉球，戰火逼近日本本土，日本軍部猶作困獸之鬥。

一九四五年八月六日，美軍 B–29 轟炸機在廣島投下第一枚原子彈，全市頓成焦土，死亡估計高達十三萬多人。

八月八日，蘇聯趁火打劫，對日宣戰。

八月九日，美軍又在長崎投下第二顆原子彈，全城變成廢墟，死亡亦達七萬多人。

八月十日，日本陸相阿南雖然主張貫徹「聖戰」，但日本政府已透過瑞士、瑞典政府尋求投降的途徑。

八月十四日，日本昭和天皇在最後一次御前會議上，說：

「如果繼續戰爭下去，我國將化為焦土，國民非飽嘗更多的痛苦不可。我不能目睹這種慘狀。……現在要忍不能忍的耐，以期將來的恢復。將來的日本，必須重建為和平的國家，……我要與國民共同努力。」❶

同日，日本宣佈接受「波茨坦宣言」，正式向中、美、英、蘇四國無條件投降。

八月十五日「上午七時，中、美、英、蘇同時正式宣佈日本投降。」❷正午，昭和天皇的「玉音放送」，以微弱的聲音宣告了「終戰詔書」。歷時近六年，犧牲四千五百萬條人命的第二次世界大戰，終告結束。

當然，當時台灣人有收音機的不少，所以聽到「玉音放送」的也多，且親友競相走告，日本投降的消息很快地傳開了。

聽到日本投降的消息，我們都高興得不得了，我決定和妻先回台北，不料妻吃到一口腐壞了的水果，當夜發燒，竟成痢疾，糾纏了二十天才治好。我母親原隨我搬入成福，我妻回南港一病，使我無法立即去接母親，讓她老人家憂心不已。

---

❶迫水久常著、陳鵬仁譯：〈日本的最後一次御前會議〉，《日本昭和天皇回憶錄》，頁123，台灣新生報，1991年9月初版。

❷郭廷以編著：《中華民國史事日誌》(四)，頁379，南港中研院近史所，1985年5月初版。

由戰爭帶來的痛苦終於解除了，物質雖然缺乏，然而已經沒有經濟統制和經濟警察，一切自由多了。整個社會充滿著喜氣，大家歡天喜地，對明日的希望、民族復興的遠景，彷彿就呈現在眼前，中華民國已是世界上四大強國之一了！

(二)陳儀長官——台灣新總督

一九四五年八月十五日，日本宣佈無條件投降，國民政府一直到八月二十九日始任命陳儀爲台灣省行政長官，九月七日又令兼台灣省警備總司令。

陳儀(一八八三～一九五〇年)是浙江紹興人，日本士官學校第五期、陸軍大學第一期畢業。曾任浙江省長，福建省主席、行政院祕書長等要職。一九四四年四月，國府在中央設計局內成立台灣調查委員會，陳儀受命出任主任委員，積極做調查、設計、接收台灣之準備。他計畫把台灣變成殖民王國，設置行政長官公署，集行政、立法、司法、軍事大權於一身。權力超越日治時代的總督，而成爲眞正的「台灣之王」了。❶

陳儀出任台灣省行政長官的次日，即任命他的浙江同鄉，日本陸大學弟，官聲不佳的葛敬恩爲行政長官公署的祕書長，旋兼「台灣前進指揮所」主任，成爲接收台灣的第二號人物。❷

❶林忠勝：〈接收台灣的新總督——陳儀〉，《自立晚報》，1995 年 10 月 25-27 日。

❷林忠勝：〈接收台灣的第二號人物——葛敬恩〉，《自立晚報》，1995 年 10 月 5-7 日。

十月五日，葛敬恩率領警總副參謀長范誦堯少將和半山黃朝琴等八十一人(一說七十一人)，搭乘五架美國軍機，從重慶經上海飛來台北，抵達松山機場時，總督府諫山參謀長和台灣士紳等列隊相迎，初抵淪陷五十年餘的台灣，國府第一位大員，前進指揮所主任葛敬恩，因爲害怕不敢下來，「竟躲在飛機上，推著王民寧先出來露面。」❸

可憐那些在大雨中翹首引頸等待迎接「王師」的台灣同胞，還被這種人感動得「個個熱淚縱橫」呢！❹

十月十七日近午，首批中國軍隊——第七十軍(軍長陳孔達中將)在盟軍飛機的掩護下，乘坐美國運輸艦駛抵基隆登陸。

下午三時，警備總部參謀長柯遠芬中將，亦率二百多名隨員在基隆上岸。

十月十八日午後，第六十二軍(軍長黃濤中將)在左營登陸。

當然，大家都還不知道這些軍隊因懼怕台灣還有近十七萬的日軍，因此，遲遲不敢上岸。

當時，基隆、高雄碼頭，台北車站都擠滿了人潮，大家欣喜若狂，準備迎接「王師」。

我想起迎接國軍的那一幕，許多少女都把國軍看成是民族英雄，甚至還夢想以嫁給英雄爲榮。我們也都設置香案，像農曆正月初九日拜天公一樣，迎接國軍進入台北城。

---

❸葉明勳：〈後世忠邪自有評〉，《眞意集》，頁126，台北：躍昇文化事業有限公司，1993年8月初版。

❹葛敬恩：〈接收台灣紀略〉，《李敖編著：二二八研究》三集，頁166，台北：李敖出版社，1989年2月初版。

可是，當我們看到隊伍行進中的國軍，戴斗笠，穿棉襖，著草鞋，有的還光著腳走路，綁腿也鬆鬆鼓鼓的，有的背著紙雨傘、挑著煮飯鍋、擔著大米籮，甚至還有帶母豬、小豬一起來的。看慣了軍容整齊的日本兵，大家都非常驚訝，國軍怎麼會是這個樣子呢？他們又是怎樣打敗日本兵的呢？

十月二十四日午前，台灣行政長官陳儀等一行自上海飛抵台北，從松山機場到總督府(今總統府)，萬人空巷，夾道歡迎，隨行的「受降專家」邵毓麟說：「這樣歡迎的行列，要比何總司令(應欽)抵達南京的情形，更爲熱烈。」❺

十月二十五日上午十點，陳儀長官在台北公會堂(今中山堂)主持受降典禮，接受日本代表，台灣總督安藤利吉大將的投降，並且宣佈：

「從今天起，台灣及澎湖列島已正式重入中國版圖。」❻

台灣人以興高采烈、歡欣鼓舞的心情，送終日本五十年餘的殖民統治，迎接「光復」，但事與願違，不久台灣人就發現：台灣人把中國當「祖國」，可是「祖國」不把台灣人當「同胞」，台灣並沒有眞正「光復」，只是去了一個日本舊總督安藤利吉大將，來了一個中國新總督陳儀上將，台灣人依然擺脫不了殖民統治的噩運！

(三)我任通譯

❺邵毓麟著：《勝利前後》，頁105，台北：傳記文學社，1967年9月初版。

❻林忠勝撰述：《陳逸松回憶錄》，頁311。

從一九四五年八月十五日，日本宣佈無條件投降，到十月二十五日，台灣行政長官陳儀在台北公會堂接受日本台灣總督安藤利吉投降的整整七十天當中，或許由於勝利來得太突然，國民政府忙於接收，忙於國共鬥爭，忙於搶佔地盤，忙於爭權奪利，無暇顧及邊陲的台灣，加上日本警力消失，從前惡劣的日本警察受到民衆報復的消息，處處可聞，形成台灣政治上無政府的眞空狀態。但台灣人不僅善良守法，同時還展現了政治活力，自己當家作主，把社會秩序維持的井井有條，《無花果》的作者吳濁流說：這是「島民的榮耀而値得大書特書」的。❶

日本投降時，在台灣的日本軍人約有十七萬人，平民約有三十三萬人，有「二十萬人左右都打算繼續住在台灣」。❷

當時日本少壯軍人難於接受投降的事實，有的在進行「八、一五獨立運動」，有的在醞釀「租借台灣論」。以日本在台灣的兵力，如果他們胡來而做困獸之鬥的話，他們有的是武器，而我們台灣人手無寸鐵，可能會遭遇到另一場浩劫，終因安藤利吉總督堅持遵守天皇的詔命及國際情勢的不可爲而作罷。

如今回想起來，眞覺得是台灣之幸！

戰爭結束，我們從成福搬出來，借表弟江耀元等的人力，搬入大橋頭暫住。

受降典禮後，有一天，徐征告訴我說：

「警備總司令部需要一位懂得中、日兩種語言的通譯官，任

---

❶吳濁流：《無花果》，頁160，台北：前衛出版社，1988年9月再版。

❷黃昭堂著、黃英哲譯：《台灣總督府》，頁255，台北：前衛出版社，1994年4月新修訂版一刷。

務是接收日軍及繳械時作通譯，對象是國軍幹部及日軍幹部，我想你是最合適的人選，尤其你、我兩人都受過日本憲兵的欺淩，我希望你能同意擔任這個差事。」

基於對祖國的熱情，對未來的期望，希望早日將日軍繳械，以確保台灣社會的安定與和平，我就在徐征推薦下，從十一月一日起到台灣警備總司令部擔任臨時性的通譯官。

台灣警備總司令部設在日治時代的台北州廳(今監察院)。陳儀上將是台灣省行政長官兼台灣警備總司令，柯遠芬中將是參謀長，「本部計設機要室，第一、二、三、四處、副官處、經理處、軍法處、調查室、直轄特務團一團……。」❸各處置少將處長。其中台灣人有「半山」的蘇紹文少將擔任第一處長、王民寧少將擔任副官處處長。

我的任務是當日軍師長級人員來警總報告自己的部隊、槍械、軍需品等的實況時，由我將日語譯成北京語；另一方面警總對日軍指示、命令，也由我當面譯成日語，告訴日軍將領。每天不同駐地的日軍都有人來部報告及接受指令，事情雖然忙，但卻很有意義。

陳儀雖是總司令，其實警總的這類工作都委由柯遠芬一人指揮辦理。柯遠芬對我和他們的合作還相當滿意，當他聽到我的博士論文通過台大教授會的報導時，曾派他的連絡兵送一匾額到我家來祝賀。

---

❸秦孝儀主編：《光復台灣之籌劃與受降接收》，頁224，中國國民黨中央黨史會，1990年6月初版。

在警總，我接辦的通譯全都是中、日雙方將、官間的談話。陳儀接收日軍兵員後，除戰犯外都送回日本。但日軍由朝鮮征調來的朝鮮人兵員則一律送回韓國，在送返韓國前，陳儀對他們作了一次訓話式的演講，他要我把他的訓話，當場用日語譯出，他講一段我譯一段，他的主題是要韓國人認識日本人的惡毒，中國及盟軍的苦戰及善意，並要求他們回國後，努力建立與中國友好的新韓國等。

陳儀早年留學日本士官及陸軍大學，又娶日本人爲妻，照理他應該懂日語，大概官樣文章，應以本國語文發表才是正式吧！

大約在十一月中旬前後，又有國軍要在高雄上岸，警總爲此派員前往高雄做準備，我也去了兩、三天，任務大致一樣。但我在高雄看到當時官派的高雄市長是台灣出身、由大陸回來、官拜少將的黃仲圖，幾年後，此公跑到台大來當副教授，在外文系教日文，還幹起總務長呢！

我在警總看到很多由大陸來的軍人，從吹號兵、傳令兵到上將總司令等，他們口音之雜，各地鄉音之重，眞是要很努力才能聽得懂。出出入入的軍官，有的昨天明明是中校，今天突然變成少校，使我難於了解箇中原因。甚至有只剩下一隻眼睛的，還在當號兵。此期間，我感覺到中國人之一切作法及想法，與我原先想像的或預期的，頗有出入。

我也看到在延平北路二段第一劇場，有幾個大陸來的士兵，不買票硬要看霸王戲，當在場的警察要他們買票時，他們竟然打警察。警察向憲兵隊求援，憲兵來了，將不守法的士兵扣住，卻被跑掉一個，此士兵跑回營房，帶來一隊人馬將留在第一劇場的憲兵捉走，民衆看了，都覺得這些士兵太不可思議，太無法無天了。

我也看到很多日本將官、軍人，包括抓我去關的憲兵在內，他們昔日的傲慢，一夕之間突然變得溫順，雖是敗軍之將，但他們還懂得守規矩，天皇說戰就戰，天皇說降就降。他們對未來的前途，深知是一片黑暗，尤其將級軍官感到能不被編入戰犯就算是幸運了。這是表面的實況，然而我後來聽說，日軍上層也有人在戰後被國民政府聘爲顧問，這些水面下的潛水工作我就不懂了。

我在警總擔任一個月的通譯官，日軍的繳械也差不多完成了，我就回到台大擔任化學系的副教授了。

㈣應聘台大

日本戰敗投降，從台灣撤退時，他們各方面都做得有條不紊，足爲他山之石。

學術方面也是一樣，他們對當時在研究院從事多年研究而應給予博士學位的人，授予博士學位，在理、農方面計有有臺灣人徐慶鐘、徐水泉、劉盛烈及日本人內藤力、衣笠俊男、富田一郎、林金雄……等共七、八人。醫學方面則有李鎭源、邱仕榮……等，人數較多。

至於文政學部，日本政策有所顧忌，臺灣人向難就讀；而工學方面，則因歷史尙淺而從缺了。

一九四五年十月，教育部長朱家驊任命羅宗洛博士爲「台灣特派員，辦理輔助接收教育事宜。」

羅宗洛是浙江黃岩人，日本北海道帝國大學農學博士，是中國植物生理學創始人之一。他「通四門外語，熟習化學、遺傳學、細胞學、植物分類學等學科」，「對生長素之生理與化學特性，以及在農業上之應用，均有獨特之見解，形成一個學派」。❶他曾任中山大學生物系主任、中央研究院植物研究所所長等職。

十一月十五日，羅宗洛以客觀理性的態度，率陸志鴻(工)、范壽康(文)、馬廷英(地質學)、戴運軌(物理學)、陳兼善(動物學)等人，順利完成接收台北帝國大學，以陳兼善爲總務長，負責點收校產，並改名爲國立台灣大學。

教育部旋又任命羅宗洛爲台灣大學代理校長，是爲戰後第一位台大校長。十二月一日，羅校長知人善任，發聘教職員，以安定人事，我亦受聘爲台大化學系副教授。爲著維持學術水準，也暫時留用了一些日籍教授。

羅校長接收台北帝大，將原有日本式的制度，完全改成爲當時中國式的制度，把帝大「原有之理、農、醫、工四個學部改稱學院，原有之文政學部分爲文學院、法學院，又將原有之講座制改爲院、系制度，除醫學院未分系外，文、理、法、工、農五院共有二十八個學系，一個學科」。❷

日本式與中國式的大學教育制度，最明顯的不同點，有：

1. 教職員日制是官，因爲是官立的學校，故有官階、官等；

---

❶鄭仁佳稿：〈羅宗洛 1898-1978〉，《傳記文學》，第五十一卷第六期，頁137-138，台北：傳記文學出版社，1987 年 12 月。

❷前引書，頁一三八。

中國制教職員是每年聘任，薪金雖參酌官薪，但不算爲官。

2. 日制大學是講座制，每一講座只容教授一人負全責，有一定講座經費，下有助教授、助手等；中國制教授只有職名，沒有講座名稱、講座經費，亦無所屬的助教授、助教。

3. 日制各科沒有辦公室和經費，一般性事務皆由學部辦公室或大學本部辦公室辦理；中國制則一切經費分由各系自行開銷，集中於系主任來管理，不分散給各教授。

4. 日制大學的任務是教學、研究並重；中國制大學則以教學爲唯一任務，研究則由教授自行決定做或不做，校方只給教學經費而不供給研究經費。

5. 日制大學不作任何政黨活動；中國式大學承受國民黨黨意，每星期必作一次總理紀念週活動，黨旗、國旗交叉於禮堂，甚至那一面旗掛在上位也需討論，校長訓話也要強調三民主義。可知當時黨國之間思想的僵化程度，以今日民主自由的理念來看，眞是不可思議！

國立台灣大學直屬教育部，但經費卻不是來之於教育部，而是來之於台灣省行政長官公署，這種兩屬關係增加了台大的複雜性及困難度，給錢的機構總想要掌控，難免就橫加干涉了。

戰後百事待舉，長官公署不肯配合，給予台大的預算有限，不僅建設經費短絀，甚至連教職員工每月薪資的發放都常見困難，時有拖延，在物價一天數漲的情況下，影響生活品質極大。如果不是具有耐苦堅忍的精神及對科學研究愛好之傻勁，要學術界維持專心研究而不兼職或不另謀他途的，就眞的很難了。

羅校長高風亮節，理性謙和，但不屈從惡勢力。台大八朝元

老的病理學教授葉曙說：羅校長豪爽健談，聲音洪亮，是一位孤高自賞的學者，不屑於奔走交際。❸

事實上，他與行政長官公署間之難於圓融，主因在於他是教育部派的，而不是陳儀的人，他有他的教育理念與辦學原則，自不能聽由陳儀任意支配，衝突遂起。他在日記中曾寫道：

「由於余等不聽其支配，若吾人不俯首投降，彼此之關係終無法改善。」

如今，陳儀不按時發放學校薪水，身爲校長的他就不得不去追錢，而常常要爲錢煩惱了。

羅校長見於有志難伸，遂於一九四六年五月十八日離台，陳儀才派人趕在前一天下班前，把三、四月份的經費用現款送到台大，明白可以看出他逼走羅校長的居心與惡行。

羅校長回到南京，繼續爲爭取台大經費而奔走，在行政院指令台灣行政長官公署，把台大經費列入其預算定期發放後，於七月一日正式辭去台大校長職務，回上海繼續主持中央研究院植物研究所。

羅校長對台大的奉獻，令人懷念。他離開台大後，對台大校務的發展，依然非常關心，協助後任的陸志鴻校長、莊長恭校長，不遺餘力。一九四八年三月，他當選爲中央研究院第一屆院士。做爲一代學人與教育家，足爲後學者的楷模。

一九四六年八月，教育部發表陸志鴻出任台大第二任校長。

---

❸葉曙著：《閒話台大四十年》，頁 6–17，台北：傳記文學出版社，1989 年 2 月初版。

陸志鴻(筱海)是浙江嘉興人，出身日本東京帝大，久任中央大學教授，後與羅宗洛前來接收台大，繼而出任校長。

葉曙教授說：陸校長是個君子型人物，溫文爾雅，沈默寡言，爲了想把台大辦好，勞心勞力，夜以繼日地計劃、邀人，他已使盡了他的全力，而旁人看來，一位清高自賞、足不出戶、不肯爲公事折腰的校長，怎能成大事。❹

在台大執教二十六年的心理學教授蘇薌雨說：「陸校長是一位勤勞的學人，中午不回家，帶『便當』在學校吃。可惜他沒有毅力，胸襟又不開闊，不適於挑大樑，他對本省籍教師和外省籍教師的待遇，差別很大。」❺

一九四七年，在陸校長任上，我到美國耶魯大學從事超博士研究，台大校務會議原先決議，給我「留職留薪」，以免有後顧之憂，可以專心留學，而學成後有回國執教的義務，那知道後來卻發生了變化。

一九四八年五月，我還在美國從事研究工作，教育部發表陸校長辭職照准，派莊長恭博士繼任台大校長。

莊長恭是福建泉州人，美國芝加哥大學化學博士，曾任中央大學理學院長、中央研究院化學研究所所長等職。一九四八年三月，當選中央研究院第一屆院士。七月，就任台大第三任校長。

蘇薌雨教授說：莊校長「似乎是一位沒有行政經驗的學人，

❹葉曙著：前引書，頁6–18；《病理卅三年》，頁135，台北：傳記文學出版社，1982年3月再版。

❺蘇薌雨：〈台灣大學廿六年〉(上)，《傳記文學》第二十九卷第一期，頁55，台北：傳記文學出版社，1976年7月。

每日公文堆積如山，雖然有能幹的主任祕書洪炎秋先生和教務長丁西林先生，都覺得愛莫能助。當時的總務長楊景山是公子型人物，不會處理公務，致使校務一團糟。」❺

莊校長無法應付這種亂局，終於請辭，一九四九年一月，竟然不辭而別，帶著太太飛回大陸去了。

我與莊校長緣慳一面，等到一九四九年我從美國歸來時，台大已經是第四任的傅斯年校長了。

㈤二等國民

台灣人眞是天眞、無知的可憐，在〈馬關條約〉簽訂後，代中國做了五十年的替罪羔羊，飽受殖民統治的苦難後，日本無條件投降了，台灣人以爲從此獲得解放了，興高采烈地歡迎國軍，一廂情願地要重回「祖國」的懷抱，以爲此後可以自己當家做主了。

可是，由來好夢最易醒，不久台灣人就發現：想像與現實的「祖國」，實在有著太大的差距了。

首先，台灣行政長官陳儀，是以超越日本總督的權力，君臨台灣的。而公署祕書長兼前進指揮所主任葛敬恩，在台灣的首次演講中就說：台灣是「次等領土」，台灣人是「二等國民」❶。

以用人來說，跟日本總督府排斥台灣人一樣，長官公署藉口台灣人不懂北京話、不懂大陸的事物，甚至說台灣人受日人教育

❶林忠勝：〈接收台灣的第二號人物——葛敬恩〉(中)，《自立晚報》，1995年10月6日。

毒化太深，不能重用，而由大陸人壟斷權位，行政長官公署從行政長官到主任祕書二十一個最重要的官位中，大陸人佔了二十位，台籍的只有一個「半山」的宋斐如當上教育處的副處長。這種現象在台大亦在所難免，雖然情況或許比較輕微些。

再以待遇來說，也是採取「歧視政策」，❷台灣人只領薪資，大陸人則薪資之外，另給安家費和各種補貼，理由是大陸來的人買東西比台灣人貴。而在敍薪方面，大陸來的較年輕教授在敍薪時，與台籍老資格的教授相同，甚至還更優厚。

就以蘇薌雨教授爲例吧！他與曾啓新教授在廣西大學同事，又同來台大任教，但因蘇教授是台灣人，曾教授是大陸人，待遇就不相同，蘇教授說：「曾啓新先生在廣西大學的底薪，和我一樣，都是六百四十元，但曾先生來台大升爲六百八十元，而我則降爲六百元。至於來台旅費，曾先生支領舊台幣壹萬兩千餘元，而我則只領八千餘元。」❸

隨陳儀來台擔任長官公署宣傳委員會委員的安徽人胡允恭也說：「最爲台灣同胞所憎恨的是在同一機關中擔任同級工作，待遇相差過鉅。例如郵電局國內同胞在原薪外每月有六千元台幣的津貼，台灣同胞則一文津貼都沒有。一面花天酒地，一面衣食不濟，因而台灣同胞極仇視這些國內同胞。」❹

---

❷何漢文：〈台灣二二八起義見聞紀略〉，《李敖編著：二二八研究》，頁109，台北：李敖出版社，1989年2月28日初版。

❸蘇薌雨：前引文，《傳記文學》第二十九卷第一期，頁54。

❹胡允恭：〈台灣二二八事件眞相〉，《李敖編著：二二八研究》續集，頁29，台北：李敖出版社，1989年2月28日初版。

飽受日本人欺壓數十年而渴望「祖國」早日來解救倒懸的台灣人，見到如此場面，作何感受？這不是繼日人之後，再度欺壓台灣人麼？台灣人不懂大陸之事務是眞的，但大陸人又何曾知道台灣的事務而就來統治台灣呢？台灣人不知帝國主義與三民主義有何不同，也不懂爲甚麼國民黨和共產黨一定要打內戰。但台灣人知道人權、法治、守法，而不知「揩油」❺爲何物。

日本人在台灣制定「加俸」的辦法，使日籍官員與同等之台灣人官員，待遇比率接近二對一，當時日人之說詞就是他們買東西比台灣人貴。那麼「光復」後來台之大陸人，再以同樣理由做爲解釋敍薪不平等的藉口，我不敢斷定是否這些留學過日本的接收學人，連日本殖民政策也原原本本地學去，而再帶來台灣用呢？

㈥出馬競選

一九四六年四月十五日，台灣舉行「頭一次」省參議員選舉，我也出馬競選了。

那時，我極天眞的想法是日本人走了，應該多參加自己國家的建設，至於有關中國社會政治方面的錯綜複雜及洶湧暗流，想也沒想過。

在候選人政見發表會上，我說：

「現在常聽到有人說日人是狗官，陳儀是豬官，這是不對

❺林忠勝：〈接收台灣的新總督——陳儀〉，陳儀初抵台灣，發表施政的三不政策：「不撒謊、不偷懶、不揩油」，台灣人初不知「揩油」爲何意。

的。因爲再壞也是自己國家的公務員，我們可以要求政府改善作法，但以此種比喻來形容國家公務員是等於打自己嘴吧……」。

幾天後，有一人來我家，自己介紹說是李友邦，並說有人告發我罵陳儀豬官，政府將下令抓我，他恐怕有所冤枉，特來問我有否此事。李友邦是黃埔軍校二期畢業、官拜中將的台灣人。我不認識他，他大概是對本地人未必知道大陸的作風有所了解，所以自動來解救我。我將當天演講稿給他看，他看完後說這明明是斷章取義，並要將演講稿拿去作說明之用，之後則化爲無事了，而五月一日成立的台灣省第一屆省參議會的成員，當然不會有我了。

當時政治活動，國民黨一黨完全控制全盤，而此事之發生原因是甚麼？黑暗中有甚麼事在進行，無法想像，眞令人生畏。尤其幾年後，李友邦竟被槍斃，更使我相信我不懂的事實在太多太多了。

李友邦原名肇基，一九〇六年生，台北蘆洲人。他在其所著《台灣革命運動》一書中曾談到，他小時候被日本兒童欺侮，他憤而告訴對方說，如果在中國，你、我就不是這個樣子了！結果被日籍老師打了一個大巴掌，成爲他日後從事台灣革命事業的一個原因。

李友邦讀「台北師範」時，與林木順等八、九位同學，因襲擊台北新起街(今長沙街)警察派出所，而被勒令退學。遂於一九二四年九月，經上海到廣州，就讀黃埔軍校第二期，得孫文之助，在廣州成立「台灣獨立革命黨」，並任主席。翌年，黃埔軍校畢業後，國共合作期間，他被派去主持兩廣省工委，領導左翼色彩較濃的「台灣地區工作委員會」，一度回台募集活動經費。

一九二七年，他重回廣州，與張月澄、張深切、林文騰等成立「廣東台灣革命青年團」，終鬧分裂。旋蔣介石實行「清黨」，李友邦從廣州到上海，日本台灣當局通緝革命青年團的人員，李亦爲日警所捕，終獲不起訴處分。

一九三二年，李友邦在杭州遭國民黨右翼逮捕，受酷刑致一足成殘。及抗戰軍興，李友邦已獲釋，在浙江金華一帶籌組「台灣義勇隊」，從事抗日，組織巡迴醫療隊，救援落難台胞，慘澹經營，至一九四三年始獲國府承認，給予經費支持。此期間，他並娶浙江小姐嚴秀峰爲妻。

日本戰敗投降，一九四五年十二月，李友邦回台出任三民主義青年團台灣區團主任，「二二八」事變起，他未接受陳儀要其向台胞廣播的要求，加上不少「三青團」的成員，參與事變，他遂被解送南京繫獄三個多月，賴其妻奔走力救始得免。

李友邦的個性大而化之，具草莽特質，「是所有『半山仔』中台灣人比較可以接受的人物」。事變後投閒置散，常騎一腳踏車，閒蕩台北街頭，至陳誠出任台灣省主席兼省黨部主委，見其黃埔出身，熟悉台灣地方政情，也得人心，遂請其擔任省黨部副主委、主委、省府委員，還兼了許多黨營事業的董事長，一時成爲陳誠身邊的紅人。「不料，陳誠對他的器重厚愛，卻反而害死他」，那些黨、政、軍、特眼紅之人，終於聯手「決定送給李友邦一頂『紅帽子』」。❶

---

❶鍾逸人著：《辛酸六十年》(下)，頁 166–167，台北：前衛出版社，1995 年 1 月初版。

一九五〇年二月，李妻嚴秀峰以參加「匪幫組織」被捕，判刑十五年；翌年十一月，李友邦又以「參加匪幫，掩護匪諜，意圖非法顛覆政府」罪嫌被捕，結果被處以極刑，於一九五二年四月二十二日執行槍決，❷年四十七。

「一位北台灣的農家青年，忍受不住殖民地異族統治的屈辱和對精神祖國的強烈嚮往，毅然離鄉渡海，投身於現代中國的催生運動中，而在歷經艱辛之餘，在錯綜複雜的政治漩渦中終於沒頂。」❸

李友邦不死於其反抗的異族，卻冤死在他熱愛的「祖國」，是命運捉弄人呢？還是生爲台灣人的悲哀呢？

㈦風雲變色——「二二八」事件

台灣人在歷經日本五十個寒冬的殖民統治之後，重回「祖國」的懷抱，以爲迎接的將是一個綠意盎然的春天，哪裏會想到竟是一個更加寒冷的冬天呢！

在陳儀君臨台灣不到一年，由於政治腐化，法紀盪然，生產停頓，糧食不足，物價飛漲，經濟破產，民間便流傳著這樣的歌謠：

---

❷李筱峰：〈半山中的孤臣孽子——李友邦〉，《台灣近代名人誌》第五册，頁 277-294，自立晚報出版部，1990 年 10 月第一版。

❸林書揚著：《從二、二八到五〇年代白色恐怖》，頁 68，台北：時報出版公司，1993 年 2 月初版。

「台灣光復，歡天喜地。
貪官污吏，花天酒地。
警察橫蠻，無天無地。
人民痛苦，黑天暗地。」

台灣人的「祖國」夢醒了，他們從希望的巔峰跌落到絕望的谷底，終於體會到所謂「光復」，只是去了一個有效率、重法紀的異族殖民統治；來了一個貪污枉法、封建落後的同族殖民統治，如是而已。台灣人把中國當「祖國」，可是「祖國」並沒有把台灣人當「同胞」啊！

台灣人在饑餓與痛困中掙扎，憤怒的火藥就這樣沈埋了！

一九四七年二月二十七日傍晚，專賣局緝私人員在台北市太平町「天馬茶房」附近查緝私烟，四十多歲的寡婦林江邁走避不及，香烟及現款被強行沒收，林婦生計維艱，跪求發還烟款，緝私人員竟反以槍托擊其頭部，林婦受傷倒地，鮮血引爆了正義的怒火，「二二八」的洶湧巨浪，在陳儀治台一年四個月後，挾著雷霆萬鈞之怒，排山倒海而來，淹沒了整個美麗之島。

在歷經了十天的風狂雨驟之後，台灣人又再一次受騙了，陳儀保證不來的援兵還是來了，三月八日蔣軍登陸，台灣淪爲殺戮戰場，其所激起的漫天的腥風血雨，澆滅燃燒了十天的熊熊怒火。

於是，台灣菁英慘遭殺害了，很多人民冤死了，台灣人從此陷入「白色恐怖」統治的緊張氛圍中，其心靈所受的創傷，歷半世紀的歲月還難於癒合。

一九四五年十二月，我受聘台大，家也從大橋頭搬到雲和街日式宿舍。

「二二八」事件發生時，成立「二二八事件處理委員會」，我也被推爲台大方面的代表之一，當「處理委員會」在中山堂開會的時候，正巧我妻快要臨盆，住進醫院，三月五日生下長男博新，因此我忙於醫院、家裏兩邊跑，我只參加第一天，其後無法再去參加開會，請別人代爲出席。

當時局勢很亂，道路處處設有檢查站，連醫院內都怕流彈飛入，武裝士兵到處巡邏，槍聲時時可聞。

因爲這樣的關係，我未曾在處理委員會發言，因此逃過一劫。那些在處理委員會踴躍發言的人，在蔣軍登陸及以後的清鄉掃蕩中，差不多都被消滅掉了。所以，我母親常說：

「博新之出生，救了你一命！」

實有其道理也。

「二二八」事件時，我僥倖無事，但我的老友徐征卻被不知身份的人，由其家強行帶走，至今下落不明，連屍體也未能發現。可歎當年，徐征與我同被日本憲兵捉去，尙可保命出來，而今被自己的「同胞」捕去，竟至如此下場。

經過半世紀的沈冤莫白，到一九九五年的「二二八」紀念日，李登輝總統正式代表政府向受難者家屬道歉。同年十二月，我得知徐夫人已獲得政府的賠償金，亡友之冤，至少有所交代。

(八)不敢入黨

我雖是讀化學的人，年輕時卻也自學過白話文，偶爾也讀點白話文的小說。在正規學校日本的課程，雖未學過北京話，卻靠字典自我學習過，當然不知道是否準確，但勉強可說上幾句。及至二次大戰中，汪精衛發表艷電而日本有所回應之後，日文介紹國民黨打倒滿清，及頭山滿(日人)幫忙孫文等革命的書文出現了，有關所謂正統(汪精衛的)國民黨的介紹書册，也慢慢地出現於台北市面上的書店，我儘量購買，努力閱讀，進而敬佩國民黨先烈所做的貢獻，心想如能參加國民黨的建國行列該多好！

後來，徐征來台教北京話，我與他結成好友，他把我不準確的南方國語改好，也使我能印証書本上的國民黨建國事跡。他告訴我在大陸，國民黨的黨化教育很成功，他也告訴我抗戰後期國民黨是有些變質了。終戰後，來台的國民黨人士的表現，令我大失所望，本來很想加入國民黨的我遂躊躇不前，終於不敢入黨。「二二八」事件後，更使我不敢接近任何外省人。

陳儀於「二二八」之後說要起用台籍人士，徐慶鐘是頭一位樣板。徐慶鐘是台大的老先輩，他勸我參加政府工作，因陳儀說要起用台大人，台大人該有所回應。我未聽他的話。其實我在警備總司令部當通譯官時，曾經爲陳儀作過通譯，他向日軍內之朝鮮人作訓話式的演講，就是我替他翻譯的。然而「二二八」之後，我不敢相信他的話有何眞意，所以我留在台大，不作回應，準備出國。

當時加入國民黨是很流行的。有志青年、壯年，都很熱心於入黨。劉明先生是東京高等工業學校應用化學科畢業的事業家，他在九份經營金礦發過財，對社會也有心貢獻，當然他也加入國民黨了，在台灣社會很活躍。「二二八」之後，他來勸我入黨。我告訴他我不敢入黨，因爲我太失望了。劉明先輩說：「當然國民黨有若干缺點，可是站在外頭指責這些缺點，不如入黨後，在黨內協力改善，這樣不是更盡國民責任了嗎？」他的熱情高見的確不錯，然而我仍然不敢相信自己有那種本領，所以也沒有入黨。不久，我就出國深造去了。

數年後，一九五〇年的四月一日，劉明竟被抓去坐牢了。根據擔任過調查局第一處科長李世傑說：劉明那時是臺灣省石炭調整委員會的主任委員，因好心捐助他的屬下孫悅光、蕭坤裕、吳坤煌及一位姓陳的職員辦雜誌。「不料孫悅光等被保密局逮捕了，指控他們是『民主同盟』的盟員，他們辦雜誌是要在臺灣爲共產黨從事統戰活動。劉明並不知這四人是『民盟』份子，但他既出了錢，便受株連了。」❶

而前保密局組長谷正文將軍則指出：「劉明當年被捕的眞正原因，是因爲家裏太有錢，擁有多部進口轎車和房屋，保密局一位王姓幹員想霸佔劉明的進口轎車，遂構陷劉明入獄。」❷

劉明被判十年徒刑，財產被沒收，進口轎車也被霸佔了。他被關了八年又三個半月，在受盡酷刑之後被釋放了。於一九九三年辭世，享年九十二歲。這位仗義行俠、熱情要我入黨的先輩，怎樣也不會想到國民黨政權會是這個樣子的吧。眞是生爲臺灣人

---

❶李世傑著：《大統領廖文毅投降始末》，頁 232-3，台北：自由時代出版社，1988 年 11 月初版。

❷林忠勝撰述：《朱昭陽回憶錄》，頁 127，台北：前衛出版社，2001 年 11 月第五刷。

六、赴美研究

(一)橫渡大洋

我一生與台大結不解之緣，打從一九三五年考入台北帝國大學開始，到一九三八年取得理學士，留校擔任無給職副手，至一九四五年，台北帝大頒給我台灣第一位理學博士學位，我在帝大當了整整十年的學徒。

一九四五年十一月十五日，羅宗洛博士從日本人手中接收台北帝國大學，改稱爲國立台灣大學。十二月一日，羅校長聘我爲台大化學系的副教授。

一九四七年，我獲得美國國務院獎學金，出國進修，到康乃狄克(Connecticut)州新港(New Haven)的耶魯大學化學研究所，做了兩年的超博士研究。

當時，我是隻身赴美，從基隆坐輪船到上海，在上海等待了一個星期，才有一艘戰時運兵船美克將軍號(General Meig)，由上海要開往舊金山(San Francisco)。此船戰後用於運輸在上海的德國籍猶太人前往美國定居，我被安排與他們同船。

船上每一艙房大概住五、六個人，我睡上鋪，下面有人，對面上、下以及腳尾上、下全都是猶太人，並且全都用烟斗，一天到晚吞雲吐霧，房間又只有一個門，空氣的污濁是不難想像的，這樣晝夜被他們燻陶了之後，加上暈船，我連三餐排隊拿吃的東西都沒有力氣了(運兵船吃飯要自己拿)。

航行途中，船在橫濱停了半天，但不能下船，看到船上的乘客丟下沒吸完的烟蒂，讓日本碼頭工人圍著搶，眞是惡作劇，但也可以看出戰敗國人民的十足慘狀了。

到了夏威夷火奴魯魯港下船登陸走走，糊里糊塗地有人在我脖子上套了一串花圈，瞧那岸邊的道路，不知是稱它臨海街好、還是臨街海好呢？再看那海水浴場，金色的沙灘，清澄的海水，在陽光的照耀下，更覺美麗動人了！

再搖晃了好幾天，終於到達舊金山了。船穿過金門大橋下而入港，白色高樓大廈到處林立，燈光燦爛，眞不知在哪裏有過戰爭？回想故鄉台北，連張東隆商號的白色建物都被塗成黑色，爲防空而東拆一段、西拆一塊的破碎市街，眞是另一個世界啊！

自從上海坐船到舊金山，足足在海上晃盪了十七天，飯吃不下，又是洋人食品，味不對只想吐，在舊金山的中國街找一家廣東菜館好好地飽餐一頓。天將黑時，突然有兩個衣衫襤褸的洋人向我走來，說：他們剛從監獄出來，要我給他們一點錢喝涼水。

我沒理會他們，只告訴他們說我沒錢，好在並沒有發生什麼事。

轉坐火車，橫越大陸兩天三夜，第四天上午到達芝加哥，據云此車五個小時後再開往華盛頓，但列車要重編，並且由另一個車站開出，乘客可下車遊覽市街，但需五小時後到另一站去坐車。(按芝加哥有好幾個火車站)這麼一來我就不敢下車了，因爲旣不知道有幾個火車站，就算告訴我到那一個站去，不一定聽得準確，就算是聽準了，萬一誤時那不是糟了嗎？只好一人留在車裏，心想坐在車裏絕對不會錯的，卻沒想到車廂一節一節拉開，入洗車場噴水刷洗後重新編成新列車，餐車早就不見了，飯也沒得吃了。總算下午四時火車依時開了，翌晨抵達了華盛頓。

在華盛頓住了一個月後，坐火車到紐約時已入夜了，因行李遲到，要到次日才能領到，我就先由中央火車站出來，坐計程車到旅館休息。

第二天，我由旅館再去火車站領回行李時，竟找不到火車站。記得昨夜明明是走過這個地方，怎麼現在變成店舖、又像銀行或大公司，根本就沒有火車冒出的黑烟及汽笛聲(那時火車還有燒重油的)。我在華盛頓火車站還看過黑烟及聽過汽笛聲，紐約的火車應該不會沒有黑烟和汽笛聲吧！因此問十字路上的警察，警察指面前的建築物就是火車站，眞是土包子，忘記了火車入紐約後完全走地下，連停車、下車的地方，也是在地下二層、三層，哪裏會有汽笛聲可以聽、有黑烟可以看呢？

從紐約坐火車，沒幾個鐘頭就到康乃狄克州的新港，這裏的耶魯大學是美國長春籐的名校。

(二)耶魯兩年

當時耶魯大學安德遜(Rudolf Anderson)教授以其對結核菌作化學成份研究而聞名世界。他發現結核菌成份中有「結核十八酸」(Tuberculo-stearic acid)是在 10- 位有甲基的 10- 甲基十八酸(10-Methyl-stearic acid)。此酸之分歧構造與我自羊毛酯取出的一批新物質相似，因此我參加他們的研究陣容，對牛型、鳥型結核菌作有系統的化學成份研究，並被推荐爲美國科學研究促進會 Σ*xi*Society 的正式會員。

此時，在化學文獻上偶爾可以看到有機矽化合物的極初步的研究報告，而我已注意到此新分野之出現，但未敢想後來會在這一方面下了很大的功夫。雖然如此，只要看到有機矽化合物的文章，我就做成卡片留下來。

在耶魯，我也認識由中國來的諸多學者，如擔任山東大學教授的生物學家童弟周、擔任中央研究院史語所所長的歷史學家傅斯年、擔任北京大學教授的語言學家羅常培、擔任過經濟部次長的經濟學家何廉，以及孔子的七十七代孫，擔任孔子奉祀官，在耶魯任榮譽研究員的孔德成等人。

以戰後第一個出國的台灣人，本應多與各方面的人士交往，打開眼界，紮好往後發展的基礎，然而想到「二二八」的經驗與教訓，以及大陸的政治、軍事的激變，左、右政客間之活纏死鬥的慘狀時，凡不知底細的生人，最好還是少來往爲妙，免得將來惹來莫須有的麻煩。基於這樣的考慮，我始終沒有跟任何黨派、任何要人接近或深交，只求在亂世中明哲保身。我承認這一代的中國人，不夠資格談這些理想，尤其是我們台灣人的處境就更加艱難了。

我只能懷抱求眞的熱情，對新物質之創造及探索的工作，努力向前邁進而已。

我在耶魯大學研究期間，和中國湖南出來的 C. 先生相識，他告訴我許多他親眼目睹的事。他說：抗戰中，他在湖南某地當過酒精工廠廠長，戰局失利，政府要遷移到四川。他也帶一批人往四川走，當他們走到某一座大橋時，有一隊步兵也撤退到橋頭，此時，步隊軍官宣佈要民衆暫避橋下，讓步兵過橋，民衆遵命。恰巧，另有一工兵部隊也正撤退到橋，工兵以其設備及儀器貴重爲由，請步兵讓路，結果互不相讓而擺上機槍對陣，好像都忘了日軍在後追來，也忽視橋下民衆在觀看，他說他感慨殊深，終生難忘。

當 C. 君聽到臺灣人受日本教育，認爲當兵是國民的義務，是國士，因此，入伍時都歡送他們。他非常訝異地說：

「您們爲什麼歡送當兵的人呢？在我們家鄉，談到當兵都非常悲傷，逃走都恐來不及，怎麼還接受家人的歡送呢？」

又一次，深感中國與臺灣越來相差越遠了，價值觀念也越來越不一樣了。

留美兩年期滿了，安德遜教授問我希不希望留在美國，我告訴他我不留下來，因爲我家有老母親及受傷的姐姐需要我回去照顧。何況當時我的民族復興的美夢還沒有破滅，一心一意只想要回國努力，國家一定會復興的。

一九四九年六月，我結束美國耶魯大學的研究工作，經羅徹斯特(Rochester)、芝加哥、舊金山，坐船回國。途中遊火奴魯魯、馬尼拉、香港等地。

尤其在馬尼拉入港之前，數處看到二次大戰時沉海的船隻在水面上露出烟囱、旗竿等物，尚未被撈起的慘相，印象殊深。

在香港住幾天時，又被對面上、下各樓及左、右鄰居之通宵麻將聲煩得不能入眠，在九龍、香港間之往來渡輪，以及天亮前街上的小販叫賣聲等等，讓我特別感覺到：我又回到中國人居住的地方來了！

當我自香港坐船回到基隆時，在碼頭上和來接我的母親、妻子和兒子博新相見時，我妻告訴博新說：

「這是爸爸呀！」

我兒不敢叫我，而搖搖頭說：

「我家桌上還有一隻爸爸呢！」

使我想起兩年前，潘貫兄來信中的一句話：

「他日還鄉時，令郎將問客從何處來？」

妻帶我到南昌街一段五十九巷十一號的新居時，真讓我有回到「未曾有過印象的家」的感覺。原來雲和街的房子是向日產管理委員會租的，頂給一個將軍後得到一筆錢，加上我由美國寄回來的錢，以及標會所得的錢，買到此一棟店面及二樓的新房屋，但是沒有土地所有權。

㈢家有賢妻

當我第一次申請赴美研究時，羅宗洛校長主持台大校務會議，決議對我「留職留薪」。出國之事因美方安排未妥，延誤一年，到一九四七年始成行，當時臺大已經換成陸志鴻校長了。

陸校長沒有魄力，不敢負責，竟以此事請示教育部，終於推翻前議，竟說我的「留職留薪」不合法，只能「留職」，而不能「留薪」。我以校方違約要放棄出洋，請校方轉告美國國務院此事，陸氏一班人員遂建議請我妻出來文學院做事，以她的薪金維持家計，校方也解除了其困局。

其實，日治時期，日本派學人出去都是留職留薪；後來臺大換別人當校長，派出去的學人，也都是留職留薪的。只有氣宇不大的陸氏才如此做。

出國期間，大陸政局發生劇變，臺大陸志鴻校長去職，由莊長恭博士接任。教育部由重慶遷回南京，又搬到臺北。

當時，臺灣物價也跟著一天數變，公教人員月薪只能維持十天生活的情況下，要我停薪赴美，而將生活重擔全部繫在我妻的雙肩上，加上剛出生的長男需要哺乳，又要代我照顧母親，更不幸的是我姐在我出國不到數月，就從貨車上摔落地面，頭部受傷引起肩關節永久性脫臼，不能坐，不能言，雖慢慢恢復一部份，卻造成數十年行動不良的殘廢，需要醫治照顧。在她負起多層責任的同時，有一些人不知她是校方脫困的安排，以為她是特權階級，偶有不友善的表現，她都忍受了。在如此惡劣的環境下，為著我一人出國進修，我妻單獨撐持整個家，教我如何能不替她憂心，如何能不終生感激呢？

我內兄歐坤，有一次在來信中還鼓勵我說：

「大丈夫出門求進步，就不可因家裏油、鹽小事而分心。」

不須煩心油、鹽小事的少爺們，豈知窮人柴、米、油、鹽生活之苦？

我妻對此種苦楚不叫苦，一身負起責任。如無她這樣的勇敢幫助，我的初次留美根本就難於成行，更不可能完成歷時兩年之久的深造。我的一生能由一個平凡的青年，發展到有所創造的科學家、大學名譽教授，她的內助在這段時日著實貢獻良多。

我妻是我一生中最好的支持者，她支持我的孝心、孝行，善待我的母、姊，與我一起練拳，陪我喝個幾杯，時而吟詠，時而歌唱，一起旅遊，一同歡笑，使我們過著幸福的生活。每一位成功男人的背後，必有一賢內助，這是永遠的眞理，而我妻實當之無愧也！

二次大戰結束後，臺灣社會上通用之語言發生重大變化，日語既不可用，許多只懂日語的人變成文盲、啞吧。我妻積極學習北京話，能通臺語、日語、北京話及英語等四種語言。許多同輩的婦女，雖受過高等教育，卻突破不了北京話這一關而受苦，她算是沒有這個困擾了。

我生性對理財、殖財方面，興趣不多，也沒有這個能力，因此家裏經濟、財務、稅務等皆由她負責調度，靠她的努力渡過難關。尤其在舊臺幣四萬元換新臺幣一元的經濟風暴下，生存、上進、成業、保身至今，我眞慶幸有此賢妻。不單如此，三、四十年後，我妻由張家分得的一些意外收入，這又是她對劉家的另一方式的奉獻了。

㈣傳宗接代

我們夫妻生有三男一女，長子博新在我出國前誕生；一九四九年，我從美國回來之後，居住南昌街之數年間，又連生了兩男一女。

一九五〇年八月十二日，次男學新在台北醫院（今鐵路醫院）誕生。一九五二年二月十三日長女美員、一九五三年六月五日三男哲新都在林忠實產科醫院出世。因已擁有三男一女，認爲已夠，乃結束再生產，這時我母親很不贊成，農業社會老人家的想法是多子多孫多福氣，以百子千孫為榮。

我們的子女都是我妻用自己的奶水養育成人的，特別是三子哲新小時得病前後之辛苦，我姐晚年病榻上之煩勞等，非有實地經驗者是無法了解的。

博新於一九五三年入南門小學，一九五六年因我搬家到麗水街而轉讀古亭國小。

南昌街之居家環境並不理想，門前過路人開車走「亭仔腳」，貨物卡車後退會碰到玻璃窗，鄰近知識分子不多，小孩子在「亭仔腳」玩也被自行車碰倒，甚至還有口出穢言的。因此決心出售，另買有圍牆的獨立門戶於麗水街卅三巷卅八號。

搬入麗水街後，學新、美眞各於一九五六年及一九五八年就讀古亭國小。三男哲新因三歲時，感染結核性腦膜炎，經台大醫院小兒科治療康復，入學稍遲，先在幼稚園適應班級生活後，一九六一年以九歲入學古亭國小。

博新於一九五九年考入建中初中部，三年後再上建中高中部，一九六五年考入台大牙醫系。翌年，轉台大化學系，於一九六九年畢業。服完一年兵役後，於一九七〇年到美國聖路易(St. Louis)市華盛頓(Washington)大學念博士班。

學新於一九六二年考入初中，畢業後考入建中高中部，一九六九年考入師大化學系，於一九七三年畢業。

美眞於一九六四年考入市立女初中，再考入中山女高，一九七〇年考入師大家政系，一九七四年畢業。

各子女完成學業後，婚、嫁、生孫，無一不是我妻親手導航照顧。這些長年恆久的關照費神，又豈是一言兩語可以盡意？所以我說，劉家之有今日，吾妻之功勞極大，別人或可不甚清楚，爲我子女、孫輩，絕不可忘此事，更要善待我妻，知所孝敬。我本身對我母親之晨昏侍奉，就是一個榜樣。

在這一段培育子女階段，台大之待遇實在微薄，雖爲教授、系主任、所主任，所得收入甚難維持應有之起碼生活。

一九五六年，我徵得校方同意，兼任新竹玻璃廠之技術顧問，每週三次往還台北、竹東之間，所獲顧問禮超過台大待遇，因此生活得到了改善。然而我母親卻於一九五七年二月廿四日以七十五歲辭世，未能等到我的經濟環境再好一點，讓我多盡點孝養，誠「子欲養而親不待也」，實爲終生憾事。

一九五七年七月十二日，我將父母骨灰送進汐止鎮橫科里終南洞三聖廟下，向北山腹墓亭以安其靈，永年祭拜。過了約半世紀後，因地下鐵路要穿過山下，鐵路局要求遷移墓園，不得不於一九九九年十月十七日，將墓園移至林口頂福，此地設備管理完善。

自一九五二年至一九五八年止，我因先代的緣故，被推爲指南宮董事長，兩任六年，是無薪義務職，每年主持董事會數次，決定重要廟務指導方針。接我董事長職位的是李建和，現在是高忠信。

七、服務臺大

(一)傅任校長

在我赴美做超博士研究的二年(一九四七～四九年)間，中國政局起了急劇的變化，蔣介石就任行憲後第一任總統，國共內戰爆發，烽煙遍野。

一九四九年一月，陳誠繼魏道明出任台灣省政府主席，蔣總統宣佈下野，李宗仁副總統代行視事，不久和談破裂。十二月，大陸隨之沉淪，國民黨政府退守台灣。這就是省參議員郭國基所說的：

「祖國投向台灣的懷抱！」

一九四九年暑假，我從美國回到台大理學院化學系擔任教授時，日本人早已全部回到日本去了，而台大校長也從莊長恭換成傅斯年了。

傅斯年(一八九六～一九五〇年)字孟真，山東聊城人，九歲喪父，賴祖父及寡母課讀，奠下國學基礎。

傅斯年就讀北大時，受胡適提倡白話文學的影響，與羅家倫、毛子水等同學，組織「新潮社」，發行「新潮」月刊，鼓吹新思潮。

一九一九年，「五四」運動發生時，他是北大學生的代表。是年夏，北大畢業後，他考取山東官費留學，到英國愛丁堡大學、倫敦大學及德國柏林大學從事研究。

一九二六年冬，傅斯年歸國，受聘出任國立中山大學教授，相繼兼國文、歷史兩系主任及文科學長(後改稱文學院長)。

一九二八年，他應中央研究院院長蔡元培之聘，出任該院歷史語言研究所所長，達二十三年之久，對國家學術發展、人才培育及典籍收藏，貢獻卓著。

傅斯年是一個具有「眞性情」的人，他「坦率、直言、嫉惡如仇。」❶一九四七年二月，他看到孔、宋財閥利用特權大發國難財，而置人民痛苦於不顧，遂在《世紀評論》發表〈這個樣子的宋子文非走開不可〉一文，迫使時任行政院長的宋子文辭職下台，因而聲名大噪，博得「傅大砲」之暱稱。

他天天與書爲伍，既愛讀書，又愛買書，更愛藏書。他出口成章，談笑風生，下筆爲文，洋洋灑灑。但他是個急性子，脾氣不好，也會遷怒，不過很快就雨過天晴了，和他接觸多的人，都會覺得他是很可親近的人。

他身廣體胖，患有高血壓和心臟病，卻又工作過量，常常熬夜。一九四七年六月，他到美國養病；翌年，我們在耶魯大學相認識，他也當選中央研究院院士及立法委員。

一九四八年八月，他由美歸國，大陸情勢逆轉。年底，他把史語所搬到台灣的楊梅。不久，教育部又發表他出任台大校長。

一九四九月一月十七日，傅斯年從上海飛抵台北，省主席陳

❶黃季陸：〈憶傅孟眞先生〉，《傳記文學》第一卷第七期，頁18，台北：傳記文學出版社，1962年12月出版。

誠親自到機場迎接。二十日，他從代理校長杜聰明博士的手中，接過印信，正式接長台大。

傅校長具有強烈的國家觀念和民族意識，在大陸情勢非常危急的時候，他身上經常帶著安眠藥，隨時準備吞藥自殺。在台大時，中文系教授黃得時請他題字，他寫了「歸骨於田橫之島」，以明心跡。

他具有遠見，一九四九年二月，國共和談時，他從台灣致書李宗仁代總統，警告說：

「共產黨之行爲，實不足以理喻。……共產黨本爲戰爭黨，……實無法與之獲得和平，今看共產黨的態度，下列數事至爲明顯：一、分化敵人，徹底消滅中央政權，只與地方談和，以實行其宰割之策，絕不以人民爲念。……」❷

他的話不幸而言中，至今仍足爲那些倡導統一，對共產黨抱持幻想的人，引以爲誡！

傅校長是個有抱負的名校長，他是眞心想把台大建設成爲一個世界一流水準的學府。因此，他從多方面改革台大。

他能夠知人，而且堅持用人惟才，不分省籍，不講人情，爲台大延聘一流的名師和幹才。屈萬里教授說：「前任主任祕書現任總務長黃仲圖先生，原來與孟眞先生並無一面之緣，孟眞先生被發表做台大校長時，黃先生曾函孟眞先生，述說他對於整理台大的意見，這意見被孟眞先生所賞識，於是經過了幾度面談之

---

❷傅樂成著：《傅孟眞先生年譜》，頁 70–71，台北：傳記文學出版社，1979 年 5 月再版。

後，黃先生就被聘爲主任祕書。『用人惟才』孟眞先生眞能說得到做得到。」❸

他秉持公平、公正的原則，提高本省籍教師的薪水，打破過去的不平等待遇，以和外省籍教師相等。所以，他的北大同學毛子水教授說：

「我以爲孟眞的偉大，似不止於能夠知人，能夠洞觀現代學術的流向。他的最偉大的地方，在他大公至正的存心。」❹

傅校長在台大，首倡民主，選舉校務委員，召開校務會議，辦得有聲有色。只是，「光復」後台大內的教授，北京話不標準的很多。台灣人當然不標準，大陸來的也各有口音差異，以致開校務會議時，像極了國際會議，一個人一種口音，十分難懂。如法學院院長薩孟武教授將「分院不分系」說成「ㄈㄨ ㄧㄛˋ ㄅㄨˋ ㄈㄨ ㄏㄧˋ」(Fu yo pu fu hi)，眞是難倒聽衆，而聽衆又不表示不懂，個個一副全懂了的樣子，包容力很大，煞是有趣。

他聘任教師，比教育部還早設立「教員聘任資格審查委員會」，嚴格審查教員資格，學術水準差的，就是官再大，他也不會發聘，教育部也只好依從，所以給台大帶來了一股傲骨淸風。

他所設立的這個「資格審查委員會」，後來曾經否決過教育部長張其昀的教授資格。當時，我也是在座的審查委員之一。

原來，當台大地理系提請審查張其昀的教授資格時，張氏已是位居要津、名聞天下的人物了，只是有些人認爲他的作法不太

❸傅樂成著：前引書，頁74。

❹毛子水：〈我與孟眞的交往〉，《傳記文學》第二十八卷第一期，頁24，台北：傳記文學出版社，1976年1月出版。

恰當。不料，審查會一開始，某委員說張氏之著作他很清楚，張自己不作研究，都是助教們做的，張開口蔣委員長長，閉口蔣委員長短，欠缺做爲大學教授的風範與學力。爲維護台大的清譽和學風，他絕對反對通過。經大家討論後，付之表決，結果被否決。因此，地理系就不能聘張部長爲教授了。

傅校長在台大，「夙夜憂勤，力謀改進，校務蒸蒸日上，深受師生之愛戴。」❺他建築大教室，補充圖書儀器，增建學生宿舍，爭取公費名額。他說他要讓學生「有房子住，有書唸，有好玩的東西玩。」

他視學生如子弟，但他反對學潮，整頓學風，爲要創造一個安定的讀書環境，親自參與一九四九年軍警逮捕台大、師院鬧事學生的「四六」事件。

「光復」當初，台大附屬醫院時常鬧事，有些剛從大陸來台的病人，全家搬進病房當旅館住的；也有軍人愛上女醫師被拒，在門診部當衆開鎗，企圖自殺獲救的；有些軍官來醫院看病，不耐久等，要求插隊或優待提前看診被拒，竟惱羞成怒，出手打醫師耳光，導致醫師罷診的。傅校長看情況嚴重，積極整頓，時任院長的魏火曜說：

「傅校長特別關懷附屬醫院，費了許多的心血和時間，極力想把醫院改進成爲東亞最好的教學醫院，事情就多起來了，頭痛事也多起來了。……在這苦鬥中，承傅校長之努力及省主席(按：即陳誠)之關懷，於三十九年省府撥巨款修復了被炸的樓房

❺傅樂成：前引書，頁72。

及全院的門窗玻璃。醫院之改進也漸有成就。」❻

傅校長嫉惡如仇，痛恨貪污，卻不料在台大也發生了弊案。原來，大陸各大學向美國訂購的教學儀器和用品，來不及運到大陸，政府已經退守台灣，這批貨物隨即轉運來台，教育部把它交給台大處理，來自廈門的保管組主任楊如萍監守自盜，雖被嚴懲處死，但也使他在精神上受了很大的創傷。

傅校長有能力，有魄力，有決斷，又不畏權勢。然而，在我看來，他仍脫離不了「中國式的開明」。因爲，他得到省主席陳誠的禮遇，又有直達天聽的本領，所以他才能做得那麼好。

傅校長一生廉潔，兩袖清風，自奉甚簡。在此國事蜩螗、神州沈淪，戒嚴令申之際，經濟最是艱苦，台灣實行幣制改革，舊台幣四萬元換新台幣一元。台大校長的月薪新台幣四百多元，是不敷支出的。他的侄兒傅樂成寫道：

「碰到急用，就得借錢，……某個月底的一天早晨，我正在房中看報，聽見伯父在臥室中對伯母說：『有錢嗎？拿拾塊來。』伯母說：『我只剩幾塊錢了，還得買菜』伯父說：『那就算了。』過了一會，又聽到伯母問他：『到底要不要？我好去想辦法。』……誰能想到他們會爲拾塊錢去『想辦法』呢？前些時，他爲大陸雜誌寫了一篇文章，得稿費七百元，預備請我們吃頓烤牛排，剩下的錢做條棉褲，然而誰又能想到他會賣文章來做棉褲呢？他對這種清苦的生活，總是安之如素。」❼

❻魏火曜：〈台大醫學院十六年〉，《傳記文學》第一卷第七期，頁36，台北：傳記文學出版社。

❼傅樂成：前引書，頁81。

傳校長這種風範，在當今這個時代，眞是太難得了！

(二)「傅」規「錢」隨

台大雖是國立的大學，但因爲經費不是來自教育部，而是來自省政府，所以校長要到省參議會備詢。

一九五〇年十二月二十日下午，傅校長列席省參議會，當時在場的教育廳長陳雪屏說：

「最後郭參議員國基提出台大招生放寬尺度及教育部存放台大的器材處理問題，須由孟眞先生答覆，他答覆完畢爲六時十分，走下發言台時我看到他步履不穩，上前扶持，他只說『不好……』便倒在我身上，立即昏迷，……延至十一時二十分逝世。……郭參議員平日在議壇上對行政方面詢問，往往盛氣凌人，不留情面，故有大砲之稱。而他卻非常敬佩孟眞先生，視爲前輩。當日……無論問者、答者雙方詞意中均未攙雜火藥氣味。」❶

採訪記者于衡說：

「傅斯年逝世以後，副議長李萬居向新聞記者正式宣佈：傅校長已於二十日夜『棄世』，李萬居說的國語並不標準，有一個記者把『棄世』聽成『氣死』，於是消息馬上傳開說傅斯年在省參議會被郭國基『氣死』了。」❷引發次日二百多名台大學生拿著「痛失良

---

❶陳雪屏：〈北大與台大的兩段往事〉，《傳記文學》第二十八卷第一期，頁16，台北：傳記文學出版社，1976年1月出版。

❷于衡：〈以身殉校的傅斯年〉，《傳記文學》第二十二卷第五期，頁59，台北：傳記文學出版社，1973年5月出版。

師」的布條，包圍省參議會的風潮。

其實，郭「大砲」對傅「大砲」也是惺惺相惜的，傅「大砲」猝逝，郭「大砲」很感慨地說：

「傅先生爲一代學人，值得崇敬，但政治家旣以身許國，死在議壇，應無遺憾。這正如戰士馬革裹屍，水牛求被海葬，是最光榮的事。我願傅校長的英靈能庇佑我，有一天引導我，賜我光榮死在議壇。」❸

傅斯年接長台大一年又十一個月，爲著提昇台大的學風和發展，爲著維護學術的獨立和尊嚴，他全力以赴，竟以五十五歲之英年，腦溢血猝逝議壇，眞正做到所謂「鞠躬盡瘁，死而後已！」

傅校長辭世的那幾天，台北的雨一直不停地落著，有一家報紙的標題道出了當時人們的心境：

「天淚人淚，千萬人同哭斯人。」❹

這位被胡適譽之爲「人間一個最稀有的天才」的傅校長走了，但他的精神將永遠與台大同在！在台大校園中，爲紀念他的「傅園」，也將永遠供後人憑弔和懷念。

傅校長辭世以後，台大校長由文學院長沈剛伯教授暫代。據說當時有意問鼎的人很多，而行政院長陳誠卻屬意遠在美國的胡適博士，胡適以患有心臟病，不堪擔當重任爲由婉辭，改荐台大教務長錢思亮博士接任。

錢思亮(一九〇八～一九八三年)，字惠疇，浙江杭縣人，誕

---

❸謝德錫：〈議壇大砲——郭國基〉，《台灣近代名人誌》(第四册)頁179，自立晚報出版社，1987年12月出版。

❹于衡：前引書，頁60。

生在河南淅川。一九三一年夏，自清華大學化學系畢業，九月，與內兄張玆闓、南開中學同學吳大猷由上海同船赴美。以庚款進入伊利諾大學化學系就讀，一九三四年榮獲哲學博士學位。歸國後歷任北大、西南聯大教授，上海新亞化學葯物研究所研究員等職。一九四六年秋，自滬北上，復任北大教授，旋兼化學系主任。

一九四八、四九年之交，共軍逼臨，北京已成危城，錢舉家與毛子水教授等同機飛抵南京。旋應台大校長傅斯年之邀，出任台大教授兼教務長，並一度兼任理學院長。

吳大猷說：錢思亮「謹慎、心細、忍耐、認眞」。❺

傅校長倚錢爲左右手，「嘗致友人書云：『思亮兄眞幫了我的忙，他是同事中幫我忙最多的一人！』」❻「後來更進一步的向人表示：『錢思亮先生將是以後台灣大學校長的接棒人。』……三十九年底，錢先生奉派出國參加世界大學會議，在旅途中獲得傅先生去世的噩耗，也在旅途中接受了台大校長的任命。」❼

一九五一年三月，錢思亮正式接長台大，成爲戰後台大的第五位校長了。

錢校長上任以後，細心、謹慎、認眞地執行傅校長時代所建立的制度，在安定中求進步，提昇了台大在國際間的聲望和學術

---

❺吳大猷：〈念錢思亮兄〉，《傳記文學》第四十三卷第四期，頁 35，台北：傳記文學出版社，1983 年 10 月出版。

❻關志昌稿：〈錢思亮〉，《民國人物小傳》(第九冊)，頁 489，台北：傳記文學出版社，1987 年 9 月出版。

❼那廉君〈哀悼錢思亮先生〉，同❺，頁 36–37。

地位。

㈢主持系所

一九四九年夏，我從美國回來，擔任台大化學系教授。

傅校長曾要我出任理學院院長，我未敢接受，因爲我知道我沒有那種本領及耐心，我自認爲我不適合做有關較廣範圍的人事工作，或諸如反共抗俄運動時，各院長夫人也須出面參加，教授們吵架時，也要找院長評理等等。我不願意被捲入這些漩渦，因此我才不敢接受他的美意，婉辭院長。

有一天，傅校長告訴我說：

「昨天深夜，保密局的人來找我，說蔣總統有話跟我說，要我跟他們一起去。我看他們不像，所以答覆他們說如果眞的如此，請稍等兩分鐘，我先以電話和老先生約好時間，說著我同時拿起電話筒，直叫老先生。至此，那些人才改換口吻說現在半夜太晚了，我們改天再來吧，就這樣走了。」

我跟傅校長在耶魯大學時就認識了，他沒有把我當外人，所以才告訴我這些內幕。

我聽了以後，冷汗直冒，想起「二二八」事件時，台大教授林茂生就是在這樣的情況下被帶走而一去不回的。我深覺中國社會之險惡，處處陷阱，名人做不得的道理。對具有通天本領的傅校長尙敢如此，那我們台灣人算什麼呢？

多年後，錢校長也和我說過這樣一個故事：

「有一天，蔣總統召見我，當面問我說：『據說你們台灣大學不掛國旗，有沒有這回事？』我答以：『沒有這回事，請總統馬上派人去台大查看，我願意留在此地等查看結果，證明是否言有不實。』」

樹高風強，人多的地方少去為妙等處世愚言，很不幸在我們這個社會還是眞理。

台大化學系本來就有良好的研究風氣，但研究經費卻是毫無來源的。日本人留下來的藥品或可暫用一時，但畢竟還是少數、小量，當時大學的使命只在教學，經費也針對教學需要勉強撥出，如要作研究，勢必由學生實驗費中設法支援，幸同仁都能盡力克服困難，潛心研究。

一九五一年，錢校長任上，我受聘爲化學系系主任，爲充實及負責發展化學系，責無旁貸，乃勉強接受。任內致力建造系館，爭取派員出國進修，增聘教授，增強教學力量，充實系務內容，以及增建教學實驗室等。

一九五六年，成立化學研究所，我受聘兼研究所主任。當時研究所成立，並未增加經費，是一種強行軍的作法，經費非常困難。所幸同仁皆體諒困境，風雨同舟，同心協力，不僅不使台北帝大以來的研究風氣中斷，更進一步確立制度，使研究工作有所保障及依據，也算對母系培植之恩，略作回饋。

一九五八年，我辭去化學系主任及研究所主任後，由潘貫教授接任，離開了八年的行政工作，重回研究生活。

我當系主任時，政府將一部份退伍而無眷屬的老兵，分配到學校當工友。臺大也接受相當數目的工友，其中兩位到化學系，一位叫林長青，另一位是某班長。

某班長是老實人，以微薄的待遇勉強維持生活，只希望能娶一原住民小姐爲妻，卻始終沒有如願。

林長青則是比較活潑，適應能力很強，隨時隨地都能適應環境，而爲自己圖利的人。他說他一輩子當過四次兵，也從當兵賺過錢。第一次正常當兵，但部隊開出省外時，是最佳逃走的機會，於是他就逃了。

第二次是替別人當兵，但先取得一筆他滿意的錢，花得過癮了之後，才心甘情願地冒他人之名入伍，等待有機會再逃走，大約要忍耐幾個月才能成功。他說有打仗才有替人當兵的機會，窮人子弟可以因此賺錢。

第三次當兵是他最不願意的。有一次，他逃離部隊之後，白天躲藏，夜晚趕路。有一晚，他到民家討飯時，主人很同情他，以豐盛的魚肉招待，並留宿他，要他好好休息，改天再走。他以爲碰到大善人，受寵若驚，殊不知半夜就被軍警抓去，硬說他就是他們家的役男。如此沒拿一文錢就替他們家子弟當上了兵，然而不出四個月，他又逃離了部隊。他積恨難消，歸途，他放火把該民房燒掉，在熊熊火光中才繼續回家的途程。

第四次當兵，是替自己的弟弟當的，這一次無法逃了。因部隊開到臺灣，他無法飛越臺灣海峽，因此他一直留在部隊，直到退伍。

他說：他在光復後不久，被派到日治時代的「陸軍倉庫」(今臺北市政大樓現址)做監視兵，日人撤走後由國軍接管，他發現出入此地的軍官，每次都會帶走一些東西，仔細一查，嚇了一跳，臺灣銀行印成而未用的新鈔票竟放在倉庫裏，而出入之軍官就每次帶一些出去花用，他心一橫，也出手抓一大把鈔票到市面買幾斤黃金，他找帆船老鄉將黃金託他們轉送家鄉家人，也得到家人的回音，確實收到黃金的消息。可是，不久共產黨打到福建家鄉來了，家人寄語千萬不要回去，因而繼續留在臺灣，退伍後就當臺大化學系工友。他說他錢是賺了不少，只因命不好，錢到手不能自己花，而竟又轉到大陸家人手中去了。他當了多年工友後，不知何時竟與女人同居，最後他要退休時告訴我說：

「報告主任，感謝多年來的照顧，現在，我應該誠實地告訴您，我不是林長青，林長青另有其人。」

我也不想追問他的眞實姓名是什麼。

由此，也可以看出當時中國大陸情況的另一面。

㈣招生雜感

早期台大是單獨自行招生的，我亦爲招生委員之一。有一次，在討論入學考試各科目分數之分配時，某院長主張歷史、地理所佔分數應與物理、化學相同，我極力反對。我認爲物理與化學兩科目是理、農、工、醫四個學院的基礎，不可以和文、法、商學院的歷史、地理同等視之。我試問哪些理、工、農、醫學院以歷史、地理爲必修的基礎課程？當時，某院長笑著拍拍我的肩膀說：「請你不要堅持而讓此案通過吧！過了幾年，我們這些人回大陸去之後，你們要怎樣做隨你便。」

當時大陸大批人員逃難來台，投考唯一的大學——台灣大學的很多。這批考生物理及化學的實力奇差，大概因爲戰亂，無法經由做實驗來培養實力，而歷史、地理則單由書本強記就可以了。事實上，當時大陸來的學生很多不敢用電器。因此入學考試時，理、化分數佔多時，本地考生有利，理化分數佔少時，本地考生無法發揮實力，自然不利，相對地大陸來台之考生，則可隱藏其弱點，比較有利。我爭的是要選擇科學基礎好的學生，來理、農、工、醫各學院加以訓練，某院長爭的是希望多錄取大陸學生而不計較科學基礎。尤其拍我肩的某院長所說的那些話，更露骨地表示當時大陸來台的學人，對經營台灣的理念，並非爲百年建設，而是以台灣爲暫時避難、寄生地，日後回大陸，就不管你台灣要怎麼樣，這種想法流露於言行之間。

自從一九五四年改採大專聯合招生以來，我也多年參與試務。雖然聯招會力謀完善，盡量使考生能在公平條件下以實力競爭，然而參與人員太多，小部分人不小心就會發生狀況。我曾遇到過有：

1. 考卷評分發生錯誤：化學考題中，某一大題又分作若干小題。當各小題評分後合起來算出該大題的分數時，某先生算錯了，多幾分出來，幸經複查時改正過來。

2. 監考人員拿錯考題、考卷：聯考分區，各區又分成數十個考場，每一考場納入數十乃至百名的考生，而各考場由監試委員一人主持，並由一、二位試務員協助。有一年，我主持的考區內，某一監試委員不小心把鄰室考場的考題、考卷拿去開封，分發給他的考場的考生，而被拿走考題、考卷的考場，無法發放考題、考卷。這位錯拿別人考題、考卷的先生發現錯誤後，收回考題、考卷，再交還鄰室的考場。然而已浪費數分鐘時間，分秒必爭的雙方考場的考生，因而時間、情緒都受損。

3. 某一年聯考，教育部長特別熱心，親自出巡到我主持的考區。當考生全心全意書寫考卷之際，部長就在長廊上向記者們大聲宣示官話長達五分鐘之久，其聲音遠傳數間考場。每次聯招會主任委員巡視、或各有關人員出入考場時都小心翼翼，不敢作聲，唯恐影響考生的情緒，有違公平競爭的原則，突如其來出現此公之雄辯，眞是糗事一件。

(五)兼職「新玻」

國民黨政府在一九四九年由大陸撤退來台時，除了敗兵殘將外，也帶來了一些美製的機器和儀器(抗戰時之中國大陸，各大學之科技教育用的簡單儀器也無法自製，由教育部統一向美國訂購。工業生產上所需的新式機械，當然更須由美國購入)。當中有華北耀華玻璃廠訂購之兩部玻璃引上機，尚未運到天津之前，大陸已經淪陷，以致國民黨政府將此兩部引上機轉運至台灣暫作保存。陳尚文、李良榮(軍人)、呂省吾等人與政府連絡，籌組新竹玻璃公司，政府以兩部引上機爲資本，佔有官股，民間則請華僑陳啓猛、陳海沙、陳尚文、李良榮、呂省吾、林光勝等多人共同出資，以官民合辦的形式，經營玻璃之生產。

陳尚文原名周，嘉義人，一八九七年生，臺北工業學校(今國立臺北科技大學前身)、日本東京高等工業(藏前)學校出身，畢業後回臺任職於中央研究所。一九三二年，易名潛赴中國，歷任廠長、工程師、試驗所所長等職。「抗戰勝利，奉命隨臺灣省工礦處返臺接收研究機關，並監理接收全臺玻璃工廠，主持中國國民黨臺灣省黨部工礦勞工運動委員會。……一九四七年六月，臺灣行政公署改組爲省政府，任建設廳副廳長，……一九四八年任臺灣省政府委員兼建設廳長，一九五三年辭職，籌組新竹玻璃製造廠股份有限公司，任董事長並兼竹東廠廠長。」❶

新竹玻璃公司以陳尙文爲董事長兼廠長，陳啓猛爲總經理，李建名爲協理，秦肇新爲副廠長，另聘外國籍技術工人 Keyly 等三人作現場指導操作。不知何因，陳董事長與溫姓總工程師不和，導致溫姓總工程師離職。

陳尙文頗有良好技術人的風範，作事確實、負責認眞。新竹玻璃公司雖是營利事業，而不以圖利爲第一目標，處處顧及技術責任及品質信用。自任廠長也是爲了保全上述經營方針而採取之方式。

一九五六年，陳尙文、李良榮、呂省吾三人到台灣大學拜訪錢思亮校長，請求容許當時當化學系系主任的我，兼任新竹玻璃廠顧問，協助他們建廠。錢校長顧念當時大學教授待遇微薄，難以維持正常之生活，當時政府又毫無辦法解決大學教學研究工作之困苦，遂同意我以現任系主任，兼職新竹玻璃廠技術顧問，每週來往台北－竹東之間三次。星期一上午在台大辦公，坐十二點多之火車南下，約二時到竹東廠，開始辦公，該夜住竹東廠，星期二上午仍在該廠辦公，下午一時又坐火車由新竹回台大化學

---

❶徐友春主編：《民國人物大辭典》，頁 1030，河北人民出版社，1991 年 5 月第一版。

系，下午在台大辦公，該夜住自己家，星期三上午仍在台大辦公，中午坐火車又去竹東，該夜住竹東，星期四上午仍在竹東辦公，中午又坐火車回台北，下午到台大辦公，該夜又住自己家，星期五上午仍在台大辦公，中午又坐火車往竹東。如此每天在中午切成兩段分配台北、竹東之間，三年後終因工作過度緊張，十二指腸大出血了。

一九五九年五月二日，在竹東廠一夜之間，瀉黑紅泥大便達四次，每次量不少。五月三日清早，下床時已站不穩，伸手拿皮包都感到很吃力，始知昨夜之出血相當傷元氣，驅車回家找醫師，知爲十二指腸出血，如再出血，就應住院輸血，暫在家裏以流體食物調養看看。回家後再瀉二次黑紅泥後，大便變成可可色，然後再變黃水。每天吃流體食物並作大便檢查，至五月十九日始完全不出血，而大便中檢查不出潛性血。其間不吃硬粗東西，手足不出力作事，完全放鬆精神，連健身體操、太極拳都不敢練，因跳、踢亦不好。

一個人的體力畢竟是有限的，如過度使用，早晚會出毛病，鑑於此次十二指腸潰瘍是精神上的原因，稍減廠方的任務分量，逐漸使身心輕快，以求身體安全。

在擔任新竹玻璃公司顧問期間，我向各國研究人員函取原始報告論文，並作搜集玻璃有關之科學技術文獻，分類編組系統化，個別檔案內容拔粹記錄等，以便作業上發生困難時之重要參考，以利解決問題，進而以資往後作新知識、新技術研究之出發點，也可爲將來成立玻璃研究所做準備。但未到此階段，因國家成立科學委員會，改善教學、研究環境，一九六五年我就辭去顧問，結束了我與新竹玻璃的十年合作關係，回到台大專心教學、研究了。

在新竹玻璃公司的印象中，使我平常不大注意而突然意識到的是週轉資金的問題。原料經製造工程變商品，商品賣出變現金，現金開支員工薪金，購買原料。原料 → 商品 → 現金循環之間，在有限的資金之下，將會產生不順利的環節，需要向銀行貸款以利週轉，此種事情並且時常會發生，所以技術以外，常須金融協助。對已慣於求眞生活的我，的確是一聲叫醒了黃梁夢。

另一印象是勞工法與現實社會的脫節。陳尙文曾要我參考勞工法，圖謀設法改善員工之生活、保障。事已經過五十年後的今天，也許勞工法已有改變了，不過以當時我看到的勞工法所規定的內容，拿來和廠內的現實一比，實有不敢開口之苦。如一定要做，恐怕我會變成領導勞工對抗資方的社會運動家。可惜，其詳細的內容，如今只留下微弱的殘存影像了。

新竹玻璃竹東廠有員工福利餐廳，餿水不少，每日要用人挑出。陳尙文廠長經常親自巡視廠內各處。有一天，他看到挑餿水的人的擔子好像很沈重，伸手插入餿水中一看，水只在上面，下面全是白米，未煮就走私流出去。

另一件事情，在採取原料砂的砂場，因地勢高，洗砂廠設有避雷針以求安全。有一天，他巡視砂場，沿著高高在上的避雷針往下一看，屋頂以下竟沒有入地線，而懸於空中之奇景，避雷針變成引雷針，好可怕的事情啊！使我聯想到「凡有人的地方就有漏洞」，另一人禍也。

陳尙文是忠實的國民黨員，他在竹東廠設立時，就掛上「產業黨部」大招牌、裝置領袖圖騰等，旗幟鮮明，也許這是當時最安全有利的辦法。他是很認眞的，新竹玻璃辦得也不錯。可惜他在一九七〇年辭世後，接手的後人沒有他那種認眞辦事的精神，且存心欺騙員工及社會，以致後來陷入苦境，那是我離開多年以後的事了。

另一個使我始終留在記憶的事情是，有一天，在閱讀原料採取有關文件時，發現了台灣省政府建設廳，准許矽礦採取權証件中——「准許人」是建設廳長陳尙文，而「被准許人」(即請准人)是新竹玻璃公司董事長陳尙文。我看到此文時，先是以爲不小心看錯了，然而，拜讀再三，仍是准許人與請准人同姓、同名。

近來，球員兼裁判的事偶爾見諸報端。其實，早年省政可能就有不少的例子吧！

(六)有機矽研究

由於國家不能給予科學家、大學教授安定的生活，以致於我不得不在一九五六年開始，兼職新竹玻璃公司竹東廠之顧問，每週三次往返於台北、竹東之間，無法專心於教學、研究工作。

一九六〇年前後，中央研究院院長胡適對此情況深表同情，建議政府設置長期科學發展基金會(後來改稱爲國家科學發展委員會)。支持學者作研究工作，一方面使其研究費用(設備、人力)有來源，另一方面補助其生活，使其不必兼職分心而專心作學術研究。

我兼任新竹玻璃公司顧問一事，是發生在長期科學發展基金會成立之前，且新竹玻璃公司對我的研究工作也有過幫助。

早年，我在留美期間，已注意到有機矽化合物之初步研究論文，其後兼任新竹玻璃公司顧問時，愈感覺矽與碳之相似性，諸如四價結合性，不齊矽與不齊碳相似，造成旋光不同的光學異性體(Optical isomers)，因此決心進一步作有機矽的研究，在搜集有關文獻時所需卡片以萬張計。台大成立研究所之後，尙無法供給我這些卡片，新竹玻璃因需要我爲他們搜集玻璃有關的文獻，買入數萬張卡片，他們送我兩萬張，用於有機矽文獻方面，這對我幫助很大。台大當時對研究費還無法撥款，新竹玻璃給我壹百多塊美金購買有機矽藥品，這一批藥品價格雖然不多，但對於剛開始這方面新工作的人，是絕大的幫忙，因爲可以踏出第一步了。假如沒有新竹玻璃的這些起步性的贊助，我的有機矽研究，不知道還要遲延多少年才能開始。因爲兼職使個人收入增加之後，也可以用自己的錢多買些卡片，結果對當時既知的有機矽化合物約三萬種，全部個別作卡，分類整理，排成系統，以利需要時隨時可找出此卡片，作爲研究時的參考、比較之用，繼而計劃及設計未知之新化合物，且應用有機化學之知識，試行新化合物的合成實驗。

自一九五九年開始合成新化合物起，各年合成之新化合物積算種類數，如下：

積數	10	14	27	29	40	70	87	98	117	138	160
年代	1960	1962	1963	1964	1965	1966	1967	1968	1969	1970	1971
積數	184	199	204	216	224	225	245	260	267	281	303
年代	1972	1973	1974	1976	1977	1978	1979	1980	1981	1982	1983

我能兼任新竹玻璃顧問，算是一種幸運，在同仁都很窮苦時，自己卻得到兼職的收入，解決了生活的困苦。然而在這樣的環境裏，人心畢竟是現實的，早年曾經是同志的好友同事，心理上也產生了嫉妒之念，當胡適院長所建議的長期科學發展基金成立時，他們不但沒有告訴我，且有排斥我的傾向，使我體會到再好的同志、親友，也都會嫉妒，人心可怕，防人之心不可無，所謂同志也者，也不過是如此而已！

一九六一年，我以美國傅爾布萊特(Fullbright Exchange Program)交換教授再度出國，往愛渥華州立大學(Iowa State University Ames)作一年有機矽方面的研究實驗。

八、中年回憶

(一)再訪美國

一九六一年，我開始對有機矽作研究實驗不久，有機會以美國傅爾布萊特交換教授身份再度訪問美國，我選擇愛渥華州立大學(Ames)的基而曼(Henry Gilman)教授研究室，藉以吸收有機矽化合物之經驗。因爲在文獻上所看到的，基而曼教授發表過很多的論文，也發現過很多新的事實，可說是美國在這一方面數一、數二的大科學家，他的業績是世界級的。然而，和他相處一年，才知道這些業績都是他的吸血鬼作風堆成的。他是猶太人，集刻薄、精算、奴役、自私之大成，他的學生叫他奴隸驅駛鬼(Slave driver)，給一塊工錢，就要由工人身上擠出三塊錢工作量的冷酷漢。連我這個交換教授，他也想免費驅使去做他的事，首先說要我繳三佰美元作研究室的使用費，我說：「國務院給我的信說：你答應國務院設法免去此種收費，有無此事？」他說：「我答應國務院，設法使此收費不超過三佰元。」他還說：「以你的收入，除去生活費後，給這三佰元只是犧牲一個月的花費，容易得很，絕對可以做得到的。」連我的私人錢包他都代我算好了。我眞氣壞了，找此大學專管外國人關係的伊不斯丁(Epstein)，問他美國國務院之傅爾布萊特交換教授，是否還要繳研究室使用費(Laboratory Fee)？他說沒有聽過這種事，並說他會和基而曼談談再答覆我，第二天基而曼才和我說研究室使用費不要了，此人的爲人由此可見一斑。

早年，耶魯大學的安德遜教授還給我錢，這個人不僅沒給我錢，反而還向我要錢，眞是刻薄極了！

基而曼爲人令人不愉快，然而做事還是不錯的。在他的研究室裏，我找到了不少資料。像早年他做過的合成記錄、樣品、論文別册等，我儘量寄回我台大的研究室。

這是我第二度造訪美國，一九四七年我初次來美時舉目無親，這次卻到處有我教過的學生，有的已經當上副教授了。上次，在耶魯時經驗過下雪的氣候，最冷是零下 25°C的氣溫，這次更低，是零下 36°C，比在耶魯還要冷得多。房屋的窗戶都是雙層的，穿著厚大衣，內有毛織的西裝，西裝內還有毛織的厚運動衫(Sweater)，再裏面是襯衫打著領帶，再再裏面才是內衣。這樣的一身裝束在外頭走了十五分鐘，已覺得不能再在外頭了，然而逃入室內仍是冷死了。儘管室內是 25°C，所有身上的衣服都已冷到極點，要溫暖就趕緊脫掉衣服，從外衣脫到內衣，穿著越少，室溫越快到達身上，這樣的「太冷了，趕快脫掉衣服才能得到溫暖」的怪現象，只有身臨其境的人才能領悟眞意的。

另一種新經驗是靜電火花的體驗。溫度低，空氣失去水分，極度乾燥，這樣一來，空氣中之物體絕緣太好了，容易帶起來靜電氣。當我從外頭進入室內，想拉椅子坐下來時，一伸手，手還沒碰到椅子，「啪！」的一聲，手與椅靠之間發生火花放電，嚇了一跳。再度摸椅子，不會再發生火花了。然而過了若干分鐘，等你差不多忘了的時候，突如其來地再來一聲「啪！」讓你又嚇一跳是常有的事。此種小雷作響時，手感覺有些刺激，但並不太痛。甚至，坐了一小時後想站起來時，也會發生大腿和椅骨間的火花放電。

當冬天初下雪時，一切聲音好像都消失了，好靜！因馬路初積雪，車輪聲消失，腳步聲消失，車輪上之鐵鏈聲也消失，貨物車體的跳動聲也消失了，一切無聲。然而隨著雪硬化成冰時，路面的水硬起來了，一切的聲音又恢復了，此時，冰面極滑，騎車的人在冰上轉彎時滑倒叫疼，走路的人滑倒了，一屁股坐下還算是好的，嚴重的還有跌斷骨頭的。我也跌過，怕人家看到了，趕緊忍痛爬起來，裝著沒事的樣子繼續向前走，不服氣，詳細觀察洋人如何處理這樣的局面，發現他們用溜冰的技術應付此事，一覺到滑了，他們就固定雙腳之距離維持站姿，等滑停了，再開步走路。

因此次訪美到處有教過的學生，所以多走了幾個地方。一九六一年十一月間，坐長途公車去芝加哥訪林尊德、張歐琴夫婦並住上幾天。一九六二年四月初，又和楊昭華夫婦長途開車，經內不拉斯卡——肯薩斯——奧克拉哈馬——諾曼(Nebraska-Kansas-Oklahoma-Norman)去看楊昭華的家及林秋榮君。回途又到肯薩斯市看廖宗凱君。七月間，再訪芝加哥轉匹茲堡看戴文典君，又到新港舊巢看杜祖健、劉嘉俊、段復泰諸君，最後訪問紐約，看賴淳彥、陳敦厚、許瑞龍諸君。然後再由紐約飛往英國，結束二度訪美，開始初訪歐洲的旅程。

回想在愛渥華州立大學(Ames)這一年，痛感美國還有這樣的地方，眞是意外。舉幾個例子來說：

(甲)長途公路車誤點爲常事，既不說明誤點的原因，也不道歉一聲。

(乙)戲院下午不演，夜晚才演。然而又不是每晚都演，放假時不開門，你想看時不一定能看得到。

(丙)由 Down Town 到 College Town，白天雖有公車，天黑就沒有了。想叫計程車(yellow cab)，全鎮只有三輛輪流載客，眞有得等，說不定還得跟別人共搭一車。

(丁)對外的交通一切經過 Des Moines。諸如火車、飛機只到 Des Moines，由 Des Moines 到 Ames 另坐公車，然而一天只有幾班，如坐計程車要十塊美金，約等於當時一天的收入。

(戊)Ames 明明看到火車在走，然而他們不載客只運貨物，並且在地圖上看不到鐵路標識。車站不叫 station，而叫 Depot。上次在耶魯大學看到他們把郵局叫做 station，現在又看到他們把火車站叫做 Depot。

(二)初遊歐洲

1. 英國、北歐之旅

西洋文明發達於歐洲，大大小小有許多國家，各有不同的歷史、不同的語言和不同的貨幣。其實，歐洲的總面積並不算大，坐火車旅行也很快就碰到國境。以往旅行的人每到一國就得換該國的貨幣，貨幣單位名稱各不相同，例如英國用英鎊(pound)、法國用法朗(franc)、德國用馬克(mark)、義大利用里拉(lira)

等，價值比率又時時在變動，的確是很麻煩的事。近年來有「歐元」的設置，使旅行者方便多了。

一九六二年七月十五日夜，我由紐約起飛，初次遊歐。十六日到達愛爾蘭之都柏林(Dublin)。將一部份美金換成英鎊，心想到倫敦可以不必再換錢就有得用了。不料，愛爾蘭的貨幣和英格蘭不一樣，到英格蘭仍要再換一次。曼徹斯特(Manchester)下飛機後，經鐵路走訪各地，如 Sheffield 大學的玻璃技術學系(Department of Glass Technology)、Nottingham 大學、Birmingham 大學之有機分析學教授們，Leicester 大學的有機矽化學專家 C.Eaborn 教授等。又在倫敦遊玩幾天。英國天氣比紐約涼快多了，不，應該說冷多了。七月中旬，旅館內到處還用暖氣。盛夏之季，人們還穿著大衣呢！

郵筒是紅色郵筒，人車都走馬路的左邊，這兩點與戰前的台灣完全一樣。戰後，台灣改和美國一樣，在美國看不到這種事情，如今又在眼前出現了。火車也與美國不一樣，車內通路靠一邊的車窗走，一個車廂除了通路外，全部空間隔成好幾間，每一間可以坐六個人。車長、站長也有女的，這可能與戰時缺乏男人有關，而一直沿用到一九六二年的現在罷了。

倫敦的倫敦橋、Picadely Circle 的圓弧形彎曲店面，也是印象特深的地方。另一事是美國到處有 Drug Store，不單賣藥，甚麼都賣。英國的藥店不叫 Drug Store，而叫 Chemist。英國的警察帽很特殊，看起來很堂皇又威嚴，似乎有一點笨重。英國人好像比美國人喜歡背東西走路，又喜歡打領帶。前者可能和戰時不斷地被空襲有關，要用的東西帶著走。後者和英國紳士思想有關，美國人喜歡非正式、隨便一點的生活，英國人則較喜歡正式、嚴謹的格調。公車有上、下兩層的，時時可以看到。

七月二十日，我由倫敦飛往瑞典的哥特堡(Goteborg)，在火車站前的一家旅館住下來。翌晨，參加觀光公車之旅。北方人喜歡多吸收陽光，觀光車的屋頂是透明的有機玻璃，坐在前面的女客怕外頭的冷風不願開窗戶，害我被太陽晒昏了頭，幾乎到吃不消的時候，車子才停在 Longedrog 的海邊，下車呼吸涼風，始漸恢復舒適的感覺。我就不懂，北國人怕冷風而不敢開窗戶，而我這個南國人卻怕被太陽晒得頭暈，差異竟有這麼大？旅館的玻璃窗都是兩層的，連屋內通路的玻璃門也是兩層的，這我就更不懂了。

到了一家中國菜館去吃飯，店名明明寫的是「東海」，老闆偏偏是洋人，並告訴我今日中國廚師不在，叫一洋廚師爲我煮一些吃的。結果，我不知道煮的是甚麼東西，味道也是莫名其妙，不對勁就是了。

在瑞典，還去看了一場俄國電影，對白是俄語，字幕是瑞典文，皆不得要領。

七月廿三日，我由哥特堡飛往丹麥的哥本哈根(Copenhagen)。由飛機場坐計程車入街，經多次轉彎才到達旅館。計程車司機能說英語，他指著窗外的鐵路說：「你到旅館後，如要去市中心，可以坐這一條鐵路的火車，又方便，又便宜，不必再坐計程車了。」

到了旅館，放好行李，看時間還早，就想到剛才司機的話，坐一坐火車看看市中心也好，就一人下樓，到最近的火車站買了張車票，坐上火車到市中心去。因想到回程買票時要知道下車的地點，應該抄下剛才上車的站名，以防忘記。當時車票上的字，除日期以外都不認得，心想票面上有小字、也有大字，上方的大字是市中心的站名，下方的必是上車的站名，就把他抄下來了。於是，放心上街逛到天黑後又去火車站買回程票。當我念出紙片上的字時，售票員聽不懂，我就把紙片給他看，他又是搖頭。他叫來一個懂英文的人和我說，仍問我買去那裏的票，我告訴他紙上寫的這個地方，他說：「紙上寫的是『限今天使用』，不是地名呀！」這麼一來，我眞不知道該回那裏去了？後來，他問我住那一家旅館，幸好，我從旅館出來時帶一火柴盒，把火柴盒給他看，他才給我車票，才能順利回到旅館。此次文盲經驗，使我體會到文盲的痛苦是多麼的大啊！

北歐的國家都喜歡用「十」字作國旗。丹麥的國旗，紅布中有白色「十」字，與紅十字剛剛相反。挪威的國旗，是紅布中有紫色「十」字。瑞典的國旗，是藍布中有黃色「十」字。芬蘭的國旗，是白布中有青色「十」字。冰島的國旗，是青布中有紅色「十」字。這些「十」字是否有特別的意義，我就不知道了。

北歐各國人口不增加，性又很開放，到處可以看到黃色書畫，節育工作做得好，眞的會悅性而拒絕被孩子拖累，社會也安定而有保障，只是稅金好像要繳得多些。

2. 德、比、法之旅

七月廿五日，我由丹麥飛往德國的法蘭克福(Frankfurt)，台大畢業的陳振隆、柳鐘琰兩君在等我。

市內好幾個地方被炸壞而未修理，戰爭都過了這麼多年了，從戰後的景象，還可以想像到當時戰爭的慘烈，或也可讓後人記取戰爭之可怕！

到一家中國人經營的餐館去吃飯，帶路的店員點燃了一支香，插在剛坐定了的位子上，芳香引起了鄉愁，一時想起了家鄉。

驅車到海德堡(Heidelberg)大學，拜訪 Freudenberg 教授及 Armin Weiss 教授，他們都是有機矽方面的研究專家。海德堡這學術市鎮有一點像新北投，萊茵(Rhein)河貫穿在中央的兩岸部落，像極了北投的兩邊有房屋的山坡夾谷在中央一樣。

由海德堡坐車到卡爾斯魯赫工業大學(Karlsruhe T.H.University)找 Henglein 教授，他合成了些糖類之矽化物，是一位滿頭白髮的老先生。Giessen 大學有一位 G.Fritz 教授也是有機矽的專家，雖預先約好，等我去找他時卻不在了(G..Fritz 教授後來轉任卡爾斯魯赫工業大學，並接受我送去的學生章劍文，指導章君作成論文得博士)。

Giessen 雖也有被炸的殘屋，但卻是一個好地方，樸實而乾淨，旅館的女佣人，自動替我提行李過天橋，送到火車站，叫我不要叫計程車，太浪費了，這是在美國無法看到的事情。

由 Giessen 坐火車往訪 Marburg 大學的 Max Schmiat 教授，他是研究鋁和有機矽所造成的複合化合物。他帶我參觀附近的山城(歐州常有山上築城，古時之遺物)，還請我吃午飯，眞是盛情。

在美國，Coca Cola 簡叫 Coke，到德國，他們不叫

Coke，而叫 Cola，眞要入境問俗了。

德國的鐵路站長穿鐵青色制服，帶紅帽子；車長的服裝和站長相同，但帽子卻是鐵青色，帶一條細細的紅色線，肩上掛著紅布條，色彩鮮明、好看。火車很多趟，有時候比時間表早一、兩分鐘就開走了。不知是否我的手錶慢了？但我記得我的錶是準確的。

Aachen 工科大學的 Kuchen 教授及 Schmeisser 教授也是有機矽方面的化學家，造訪他們的研究室之後，到 Koln 去玩。

Koln 的兩個並排尖屋頂大寺院(Dom)是特別的印象。找一家在 Koln 算是最好的夜總會，單槍匹馬進去大散財一夜，又快、又痛！

Bonn 大學有 Kekule 的銅像，Kekule 是第一位提出苯(Benzene)的構造式的早期有機化學家。

好幾個月前，我在 Ames 時就辦到印度的簽証，到我六月間要離開時，還沒得到印度的入境許可。旅行社告訴我離開美國之前，到紐約印度領事館去拿好了。七月中旬，我到紐約印度駐美領事館去拿，他們說還沒有來，如我急著要走，他們可以送到德國 Bonn 的印度駐德領事館，我可以去 Bonn 拿。我到歐洲從英國、北歐玩到德國，八月三日，我再二次造訪 Bonn 印度駐德領事館，他們依然說公事還沒到。我說過幾天我就要走了，不能再等，他們還說那麼你到意大利羅馬去拿，我們轉送印度駐羅馬領事館好了。我眞火了，告訴他們不必了：

「你們這樣沒效率的地方，我不想去了。」

落後三流的國家眞是沒救啊！一件入境簽証辦了半年，還說本國沒有回音來，由愛渥華騙到紐約，再由紐約騙到 Bonn，現在又想要騙到羅馬，只要我決意不去他們的鬼地方，就不必被他們耍花樣，說不去就不去了！

八月四日，我離開德國，飛到比利時的布魯塞爾(Brussel)，由機場到市中心有火車可坐，兩端的火車站都有特殊的感覺。

比利時是小國，講法語的很多。參觀國立玻璃研究所(Institiut National Du Verre)，他們的研究工作做得不錯，干涉計之善用、磨砂研究、銀鏡生成過程之研究、結晶析出、結晶消滅法、以白金棒測驗玻璃粘度、X–線螢光分析(X–ray flueorescence Analysis)、徐涼過程(Annealing)之研究等，有四十多個研究人員。

另外，小男孩撒尿的石像，好可愛！

比利時人好像並不高大，外國勞工似乎不少。在大街人行道中站著直徑約四尺(1.3 公尺)、高約四公尺的圓柱擋路，並貼滿多種廣告，包括電影廣告在內，這樣的擋路物在別的國家沒有看過，相當礙眼，然而他們好像不在乎。

八月七日，由比利時飛到法國巴黎(Paris)。當 Limousin Bus 從機場驅入市中心時，發現法國有好幾個大金鳥站頂的大門柱，的確豪華雄偉。旅館內睡房的浴室有兩套便器，一是普通的水洗馬桶，另一是 Bidet 噴水洗屁股的。睡床是鍍金色的，覺得很豪華。塞納河(Seine)邊的 Nortre dame 寺院，油畫攤、凡爾賽(Velsaille)宮殿之內外景、拿破倫之墓殿、凱旋門、地下鐵(Metro–politan)、路易十六斬首場等太多的地方值得看。此外，還有艾飛爾(Effelt)鐵塔、Champs-Elysees 街之偉觀等，眞是太多太多了。

玻璃方面有 Saint-Gobain 研究所，有機矽方面有機矽工業協會(SSIS)，我也都去造訪，前者研究人員一千人，是世界級的規模。

法國人很自傲，他們認爲法語才是最好的外交語言，而硬不講英語，使旅行的人很不方便。

3. 瑞士、義大利之旅

八月十日，由巴黎飛往瑞士的蘇黎世(Zurich)， Monsanto 公司有一研究所在此地。一位名叫 Dr.Fink 在這研究所研究有機矽，Eidegnoss 工業大學化學研究所教授 Prof.Deuel 也做過了一些有機矽。我到他們的研究室去時剛好是週末，他們都不在，只有徒弟們在工作，而帶我看他們的設備跟工作。

瑞士這個國家夾在強國之間，保持中立。空氣好、風景好，建設好，人爲的花草好美，又因沒有戰爭，享受和平，一切設施不受破壞，學術文化也維持高度成就。加上英、德、法三種語言都通，很方便。人也很平和而親切，是我最喜歡住下去的地方。唯一的缺點是物價指數高，生活費昂貴。

蘇黎世湖邊一帶之景色，是天然和人工的合成美，可說是仙境。買一只手錶作紀念，是潛水用的黑底淺綠字及針，此錶一用就用了三、四十年，還很準，又不需撥發條，也不需加電池，完全靠手臂動作而維持動態。

深藍色的湖水，湖上之白帆，紅底白十字的國旗，洋樓綠蔭，加上 Beach Parasol，這些東西構成的景觀太美了，坐在湖邊的涼椅上，深感自己是很幸福的。

白色盔帽、白上衣、鐵青色西褲、黑皮鞋的警察，沒有任何武裝在身，也令人印象深刻。

八月十二日，我由蘇黎世飛越阿爾卑斯(Alps)山脈，經米蘭(Milano)轉威尼斯(Venice)。

阿爾卑斯山脈上空眞是好景，白色刀山在下面，飛機在其上空飛行，往下看群峰相連，一山過後又一山，倒有點耽心會不會突然出現高峰而飛避不及，然而終於安全抵達米蘭平野。我算是越過阿爾卑斯山了，眞高興得很呢！

在米蘭換機飛往威尼斯。威尼斯的氣溫比瑞士高得多，好像突然變成夏天似的。海上有不少大大小小的島嶼，跨海橋路又直又長。下飛機後，車走這長橋路很久才到威尼斯街，說街好像不大對，因爲大街是水路，小巷才是人走的。走水路的船叫做 Taxi，小巷夠一兩人走，車不能走，轉彎又多，有時會走入死角。雇 Gondola 船去 Lido 島看海水浴場，也到 Murano 島去看有名的玻璃廠，是瓶工場，用嘴吹鐵管，管端粘熱玻璃膏，趁熱塗金屬鹽液並馬上吹成瓶罐器物，視所用之金屬種類及吹法之差異，可染成不同顏色及伸展成不同帶色模樣，是藝術品。

好幾天沒有吃中國菜，覺得胃不太聽話了，問旅館的人有沒有中國餐館，他說沒有，並說意大利菜不比中國菜差。因此我告訴他我想吃米飯，他說那簡單了，意大利人也吃米飯，Riso Zuppa 是 Rice Soup 之意，你可以吃這個。我就照他的話做，然而在餐館送到我面前的，竟是米粥和乾酪的混合物，吃了一半再也吞不下去了，有點想吐，只好結賬回來。

不服氣，告訴旅館的人，他介紹的那一道飯不合我口胃。他說：「那麼，你就吃這個吧！」交給我一張字條寫著 pollastro Riso Zuppa。這一下想說可以吃到米飯了，心裏這麼期待著，就再到餐館去叫這一道菜。殊不知這一次送來竟是鷄粥加差不多一半量的奶油，又是勉強吞一半就結賬出來吐。洋食、洋菜固不欣賞，連米飯也如此地被洋化，眞是無救了。

㈢由歐返台——新、泰之旅

八月十五日，我由羅馬經敍利亞、巴基斯坦、印度等地，飛往新加坡。南洋大學許永綏教授接我到他家住。在南洋大學發表講演後，隨之參觀南洋大學和新加坡市街、市郊。

八月十八日，我飛往泰國曼谷。曼谷與新加坡有半小時的時差。此地有南洋特有之長腳小屋，街上之招牌都強調泰國文字，其次是英文，再其次才是中文。街上僧侶穿著橘黃色的袈裟，晃來晃去，警察的服裝像日本兵，帽子有紅帶，卻穿運動鞋，不大調和，有點貧弱感。整個社會的空氣，好像有一股看不見的某一種沉重、不活潑、又落後的氣氛，可能是在街上走的僧侶數目太多的關係，因而產生這種印象。

華僑從商，會母語(祖籍方言)，卻不大懂北京話。我在一家店裏買了一些東西，老板看似華人，北京話卻不通，泰國話我不懂，試用英語也不通，他叫他的女兒出來，是中學生的模樣，果然英語通了，等到我給錢找零時，他竟以閩南音：「lac(六),

chit(七), pue(八)……」算手中的鈔票，我好後悔當初沒試臺語。

一九六二年八月，我回到了台北，結束爲期一年的基而曼教授研究室的有機矽研究實驗和初次歐洲之旅。

在這一年中，我人雖離開台大，身在美國、歐洲，然而台大化學系我的研究室並未停止研究工作。何琴霞君相當努力，積極作合成實驗，又不斷地與我通信，報告實驗進展狀況。四年級、碩士班的學生也很積極推進合成工作。何君對 l-xylose、l-rhamnose、l-arabinose 及多種 xylenoses 等之矽化甚爲努力，而得新有機矽化合物數種。雷敏宏君在 Geraniol、Citronelol、Menthol 等高級醇之矽化工作也得好結果，創造了數種新有機矽化合物。王泰澤、林弘六諸君又在 Cholesterol、Stigmasterol 之矽化實驗方面，成功地創造新有機矽化合物數種。

一九六四年，我接受長期科學發展委員會設定之講座教授。一九六五年，我辭退新竹玻璃公司技術顧問，專心台大教學及研究工作；此年秋季，我住台大醫院開刀，除去右腿靜脈瘤。一九六六年，我購置富錦街三七〇號的房屋。一九六七年由麗水街移居青田街九巷六號台大宿舍。翌年，英姐移回青田街同住。

青田街的房子是日式木造屋，圍牆內面積約一八〇坪，房子建坪約五十餘坪，前後院有花木、芒果三棵，夏天掉下來的芒果，每天有二、三十粒，足夠一家人享用。香蕉、木瓜、拔仔(芭樂)、龍眼等水果亦時有收穫，唯一缺點是蚊子多。

一九六八年，我出版英文書，書名：

《The Melting Point Table of Organosilicons》，五二一頁。

九、老年回憶

(一)二訪德法

我自從基而曼教授研究室回到台大之後，資料已搜集相當完整，研究人員士氣高昂，師生皆熱烈醉心於含矽有機新化合物之探究，加上國家科學委員會有經費上的支援，研究成果堆積，足以在國際學術會議上發表。

一九六八年，第二次世界有機矽化學討論會在法國波爾多(Bordeaux)大學舉行，我帶一篇論文去發表，並接受德國三星期的招待考察。六月二十八日，我由台北起飛，經香港、德黑蘭(Teheran)、開羅、羅馬，三十日抵達法蘭克福。先在德國住一星期，造訪 Bonn 大學化學研究所(在 Menckenheimer Allee)，會見所長 Tschesche 教授後，Dr.Legner 帶我參觀他們的設備。也造訪 Koln 大學 Birkofer 教授，他也在做有機矽化合物之研究，據云下學期將轉任 Dusseldorf 大學。此人之徒弟 Oskar Stuhl 博士，後來在學術會議上遇到我，而互打招呼，甚至來台灣旅行也找我見面，以後有一次我往美國博新處，他又來台灣，學新代我招待他而又與學新結交，而後，每年賀年卡寄來時都寫父子連名，並且寄來德國日曆。一九八七年，博新回台北，看到他寄來的日曆很中意而帶回美國。一九八九年元月，他又寄來德國日曆，不知這一次家人有誰會特別喜歡？

同時，我還造訪 Koln 附近的 Leverkusen 之拜耳(Bayer)有機矽工廠，並接受他們午餐招待。

我在德國取得法國入境簽証後，經巴黎、飛到波爾多大學開會。初次遊歐，是從美國出發，一直向東走的。這次遊歐，是從台北出發，一直往西走，還眞個是西遊記呢！

我在大會上發表論文，內容是以 1.4–Dichlorobutane 或四氯化碳作原料，以鋰或鎂及三甲氯化矽烷(trimethylchlorosilane)或甲二苯氯化矽(Methyldiphenylchlorosilane)在四氫呋喃(tetrahydrofuran)中反應而得四種化合物(甲)、(乙)、(丙)、(丁)等皆爲文獻上未曾有之新分子。(甲)化合物之製法，獲得日本特許第四九八七七五號(昭和四十二年八月七日)，可作火藥之用。此批化合物除(丁)外，(甲)、(乙)、(丙)皆以碳作中心，外圍有四個或三個矽原子在四面體頂位置(tetrahedron)，每一個矽原子又有三個甲基或一個甲基及兩個苯基包圍之。因相對之純碳化合物(即無矽化合物，所有矽原子都以碳原子取代者)並不存在，此批化合物充分顯示 Si–C 鍵長於 C–C 鍵，而許容多數原子擠成此型分子構造。

不料，我因飲食失調，加上在波爾多始終未能找到中國餐館，不能適應，竟然生病了，而他們之所謂活動都是站立的，未能坐下來休息，加重病況，又疲倦、又不眠、又想吐。不得已講完了論文，主持過兩場討論後，放棄旅遊參觀及大會餐，直飛比利時，找林德復君爲我煮粥治病，預定要去的西班牙也不去了。幸好吃粥之後，恢復元氣，始能繼續考察。後來一想，所得之病可能是 Coca Cola 之急性中毒。因無中國飯館，三餐多吃 Coca

Cola 及一些西點、西菜， 好多天如此，咖啡因(Cafein)吃太多了，心跳又疲勞，失眠睡不著，加上多跑路，疲倦無法恢復，多天求米飯而不可得，肚子一餓、口一渴，又吃 Coca Cola 和麵包，惡性循環而不自知，怎麼不病？

法國開會、比利時吃米粥休養後，七月十八日，我回德國作第二、第三星期的考察。先到卡爾斯魯赫大學看 Fritz 教授及章劍文君。不料，在其討論會(Seminar)中，碰到美國哈佛大學之 Rochow 教授。Fritz 教授請我吃午餐，又在 Gesthaus 替我訂住處並付錢，因此，我請他們到中國館子吃飯。

Fritz 教授研究室有 Dr.Crover、Dr.Kummer 等 Docent。Dr.Kummer 是在美國 Harvard 大學待過的，因此英文比 Fritz 教授行。

離開卡爾斯魯赫坐火車往慕尼黑(Munchen)住一夜，又坐火車經 Salzburg 往奧地利首都維也納(Wien)。德國之火車站，皆以白板寫黑字，鮮明而易讀，一過國境進入奧地利，火車站以紅板寫黃字，遠處無法看清楚，火車飛快，還沒看清楚地名就走過頭了。物價、旅館費也貴，旅館有電動按摩機名 Massage-boy，丟入五先令(schilling)，可為你按摩十五分鐘。

德國與奧地利雖一樣用德語，畢竟還是不同的國家。在德國，看到婦女一面走路，一面吃冰淇淋；在奧地利，卻沒看見過，美國化的程度不一樣。從德國入境奧國時，穿便服的奧地利官員帶圓形胸章查入境簽証，從奧地利入境德國時，穿淺綠色制服的德國官員查入境簽証，處處表示是兩個不同的國家。在維也納，找日本航空辦預約飛日本的機位時，始知由漢堡(Hamburg)飛日的班機，七月卅一日以前都滿了。他們說如改做七月卅一日下午由哥本哈根飛日本則有坐位，因此只好遷就對方，決定由哥本哈根起飛。由維也納坐火車回慕尼黑，又住 Zugspitze 旅館三天，依地圖自己到處看，漫步主要大街 Neuerhauser Strasse，Kaufinger Strasse，Tal，Zweibrucken Ludwig Strasse 等。我也去參觀二次大戰前，希特勒公然宣稱納粹主義(Nazis)的那一棟三層樓建築。最後買票參觀 Deutsches 博物館，六層樓大建築，一、二層是物理、化學、航海空、電機方面，內容太多看不完。也找到 Kunst Hause 藝術館，買了些複印的名畫。看一場電影，吃中國菜，他們叫跑堂 "Hober"，聽起來有點怪，字典也找不出這個字。七月廿八日坐夜車往漢堡，在此停留四天，又是依靠地圖，自己亂跑，到有名的人肉市場 Reeperbahn 去見識見識，大街兩側都是裸舞館，也有書攤專賣性書，更有拉客的極力要我進去看大腿舞、喝一杯啤酒，如看中意的，還可以預約晚上再見面，一下子用日文說 "Dozo Irasshai"，一下子又用英文勸我進場。在漢堡住 Pension 旅館，並不貴，然而附近教堂的鐘，每十五分鐘打一次，凡十五分打一下、卅分打兩下、四十五分打三下，凡某時正又打，這麼一來，晚上就無法入睡了。

七月卅一日，我由漢堡飛往哥本哈根，再轉乘日航飛東京。在機上想到當天是國曆先父忌日，如以農曆算已過多天了，心中默禱，一時好想念父母，如果他們都還健在，一定很高興我今日的學術活動及三男一女孫輩之長大。人生本來就多遺憾，又能奈何？

(二)東瀛訪友

八月一日，我從哥本哈根飛抵東京羽田機場，途中經北極及阿拉斯加的安格拉治(Anchorage)時，因颱風搖晃得厲害，送來的食物，通通退還，成了病人。所以下飛機後，花王丸田專務，桐畑忠次、內藤力、富永一郎、小林啓助、黃老生夫婦，張歐元等諸先生來接時，很勉強地接見道謝後，趕快設法休息。然而老毛病又來了，夜間想起明天的事，無法入睡，整理行囊中明天要送人的禮物，不覺天已亮了。

八月二日，參觀花王東京工場、向島研究所及工場，下午參觀川崎工場，夜晚花王設宴請我及黃老生、張歐元等，住丸內Hotel Room 224。八月三日，訪問花王本社，引見伊藤社長、那司堅二專務、長瀨亨二、鈴木信和等人。中午被請到天婦羅專門的食堂。驅車看奧林匹克(Olympic)大會的運動場、游泳場後，坐小田急往湯之元，再改坐小包車到箱根宮之下的奈良屋，叫藝者一人、連桐畑忠次與我三人，飲啤酒半打，飯後藝者回去之後，叫按摩就寢。然而翻轉多時不能入睡，腰骨關節奇痛，眞是薄福，無法享受。

八月四日，朝桐畑部長作陪，由箱根驅車繞蘆之湖國道，遊箱根、御關所，途中有人扮淸水次郎，穿古裝、戴斗笠、帶長刀，站立路旁演出古時氣氛。中午，到熱海「桃李境」旅館休息，在附近剪理頭髮，午睡後下海游泳。黃昏喝啤酒及白鹿，叫二名藝者穿和服陪酒，很漂亮。她們的世界也有種種的規矩，陪酒以兩小時爲限，陪酒不可帶手錶，下局有人預約時，事前應聲明，可以一小時半就走。客人如一定要留她時也有辦法，用比較有禮貌的方式、並多出一點錢，請其留下，就可如願以償。

八月五日，由熱海回東京，訪高砂香料會社。富永一郎、小林啓介、岸喜家、內藤力、野副教授、甲斐莊、中西社長、小松研究所長等都見面了。中飯、晚飯，都由他們輪流宴請。特別是晚飯時被帶往六本木之一家日本館子。

館內有一宮田女士，從前曾經在台北帝大理農學部當過打字員，她說：

「你記得我嗎？」，突如其來被她這麼一問。

「不！」我只能說。

「好無情哦！」她笑著說。

此宴很特別，有三味線音樂、日本舞蹈、詩吟、劍舞等等，表示日本經濟已經脫離戰後之苦海而欣欣向榮了，比起一九六一年時，相差好多哦！

飯後，富永與內滕和我同車，我帶他們去盛森經營之Grand Old Parr 痛飲洋酒。該店主持人岡田君，因事前盛森有所交代，飯後叫他算賬時，堅持不收費。

八月六日，晚上由丸田在光輪閣請吃飯，野副教授作陪。此閣原是皇族高松之宮的舊家，戰後開放爲貴族、平民皆可用之飯館，造作相當講究。

川上八十太博士因患急性皮膚病未能見面，只能在電話中問候。因歐菊夫婦及歐元夫婦都在東京，託他們幫忙購物、輸送包裝，頗得助力。

八月七日，台南高工時代之同窗校友、老師，集聚一堂於

「Domino」，到場者有宮本清利老師、小倉勇、伊東貞昭、秦俊郎、浜明、辻三郎、岸喜家等諸兄。如今又經過數十年的滄桑，大部份的人多已作古了，只剩伊東貞昭、秦俊郎二人在世而已，越感覺到健康長壽是最要緊的事啊！

八月八日，我由羽田機場飛往大阪伊丹機場，盛森來接，一起驅車往蘆屋，伊東謙到蘆屋來見我。次日，由蘆屋去大阪看盛森經營之「狸穴」及花王大阪營業所，後轉往和歌山，參觀花王產業科學研究所，並在該所作一堂「有機珪素化學」演講。是夜，住和歌浦岡德樓豪華房間，主客七人、藝者三人開宴，各顯神通。大唱大喝，我唱「戀心」一曲，引起諸女興趣，請我教她們，再三教導之後，她們說怕走調而不知，拿來錄音機，要我爲她們灌唱錄音帶才罷休。

八月十日，在岡德樓下海游水，喝啤酒，下午飛車入京都。出發前親至研究所向所長及丸田專務道謝。是夜住 Miyako 旅館，晚上應邀到「祇園末廣」吃涮牛肉、喝菊正宗，且請來一女琴師，很美，奏唱兩曲，當中一曲是「祇園小唄」。床之間有名刀一支，裝著布袋。琴聲、人聲、歌聲都很美好，洋髮、和服之美人，也是挺不錯的。

八月十一日，由京都再入大阪，中飯在「然林房」吃日本菜，晚上住 New Hankyu 旅館。幾天來舌頭左邊發炎，說話、吃東西都疼，找一家醫師打針、吃藥。

八月十二日早朝，我由大阪飛往九州福岡。博多和福岡有何分別？眞搞不明白。改坐中午的 Bus 往熊本。由 Bus Terminal 打電話和熊本大學之松村久教授連絡，他安排我住熊本觀光旅館。夜晚到「時雨」吃日本大菜，又到「China Town 酒家」去喝酒，是 Cabaret，有酒女，有音樂，又是暗暗的，一個名叫「愛子」的陪我喝玩。第三現場是另一間酒場，名叫「夢」兼壽司屋的，好浪漫的名字啊！Madam 親自陪酒、陪唱、陪談。好樂的一夜！而今，當年招待我一起喝酒的主人松村久已經去世了，我好幾次請他來台北玩，始終未能實現，他在受外傷、內傷折磨後，就一病不起了。人生如夢，眞是夢啊！

八月十三日，往訪熊本大學松村研究室。中午，到松村家拜會老太太、松村太太，吃叫來的壽司，喝啤酒。好多年未曾在座敷上行日本大禮，這一次通通搬出來用了，尤其，女主人更是厲害而徹底。在熊本大學還碰到豐田宏一，也看過小泉八雲(歸化日本的英國人 Rafcadio Hahn)和夏目漱石的紀念碑等。

八月十四日，坐火車由熊本往福岡。車內坐在對面有一女人帶一滿週歲的嬰兒，這個嬰兒不知爲甚麼一定要我抱他，結果抱了好一會。車入博多站就下車，住進 New Hakata 旅館，待花王替我寄來的行李及歐菊妹寄來之 Color Slide 到手後，第二天上午，由福岡飛回台北。松山機場有梅、學新、哲新、何琴霞、楊美惠、陳萬傳、李淸圭、陳正益等多人在等，美眞這一次則留在青田街看家。

㈢學術獎助

由於胡適建議，政府設立長期科學發展委員會，供給學者研究工作所需的環境和經費，自一九六〇年起設講座教授，由各教授、副教授申請經費補助。十二年爲一期之所謂長期科學發展計劃，後來改爲常設機構，隸屬於行政院，並定名爲國家科學委員會，簡稱爲「國科會」。受補助人之職稱也幾次更換，先是講座教授，一九六九年改稱爲研究教授，一九七〇年又改稱爲特約教授。名稱雖改，內容卻大略相同，受補助人以過去之研究成果爲基礎，作成下一年度之研究計劃及預算，經審定後政府供給數萬至數十萬元之年度經費，包括領導人津貼每月數千元，還有助理人員薪津、藥品、儀器等。此等做法確實對研究工作有明顯的幫助，而研究成果也陸續出籠問世。唯因每年作一次計劃，難免容易產生急功近利的心態，影響計劃、方針。

我以每年設計合成新有機矽化合物約十種以上爲基本方針，接受講座教授、研究教授、特約教授，多年來存積之成果已達新化合物一百六十種。關於這批新物質之著作論文達數十篇，而以此於一九七一年十一月十一日接受中山學術文化基金會學術著作獎，領取金色獎牌乙只，獎金五萬元正。此等榮譽並非單獨一人之業績，除我的主動設計、領導實驗及國家供給經費外，共事合成實驗之同事教職員、四年級學生、研究院學生等皆有功績。因每一種新化合物之發明，需經多次的試製，成功後尙需確立其製法，確証其分子構造，確証其爲文獻上未曾出現過，所需知識人力與時間不少，所以參與之人手也多。在職員、研究生、專攻生方面有：

何琴霞、雷敏宏、王泰澤、楊美惠、林弘六、林德馥、王家麟、陳浣方、章劍文、張肇康、魏義元、陳秀枝、王寬、王秀琴、馬明明、陳正益、劉博新、沈宗禮、黃榮助、李振生、吳獻仁、劉緒宗、朱元捷、李國貞、江志樞、吳文振、林江珍等多位人員，分工合作多年的成果。

㈣三訪美國

一九七二年八月廿一日至廿四日，世界第三次有機矽化學大會在美國麥迪遜市(Madison)威斯康辛(Wisconsin)大學舉行，我攜妻作第三次赴美、並帶論文去參加會議。此次研究論文之內容是「有機矽氧萘類之合成」。將二羥萘類(isomeric dihydroxy-naphthalenes)作矽化時所得之新化合物多種一併發表。當時十種二羥萘異構體當中，除 1.8- 二羥萘外，其餘九種異構體全部作三甲矽化及三乙矽化(trimethylsilylation & triethylsilylation)，結果得十三種新化合物，將此批新結果報告於大會並討論。

如下頁表乃後來追作 1.8- 二羥萘之矽化(因一段時間無法入手 1.8- 二羥萘而未作此物之矽化實驗，又因後來順利入手此物，於是追補作此合成)時，發現並証實 1.8- 異構體因立體效應無法成立二矽氧化物只能得一矽氧化物，而將此結果補入表內而成的。由此表仍可了解當時報告之內容。

會後，經芝加哥轉聖路易(St. Louis)，參加長男博新及梅容之結婚典禮。八月廿七日下午三時，借 Siegmund 家作 Reception，又於七時半，在上海酒樓開兩桌宴請知友，略遊聖路易後，轉俄亥俄州(Ohio)哥倫布市(Columbus)葉炳遠家住一晚，再飛水牛城(Bufallo)遊尼加拉瀑布(Niagara Falls)。之後，飛紐約訪聯合國、帝國大廈，坐火車往新港，看耶魯大學及

烷基矽氧萘類表

Structure	R=	Literature Author		B.P.°C/mm	Mp.	n_D	Yield %	Photolysis	Color
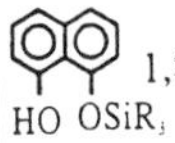 1,8- HO $OSiR_3$	CH_3-	Liu & Wang		117°C-118°C/<1mm		$1.5429^{30.9}$	77	++	
	C_2H_5-	Liu & Wang		142°C-143°C/0.54mm		$1.5612^{24.6}$	62.7	++	
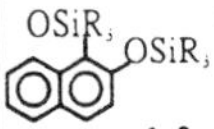 1,2- $OSiR_3$ $OSiR_3$	CH_3-	G.Neumann		87°C-88°C/5×10⁻³mm	85-7°C		73		
	C_2H_5-	Liu & Wang		157°C-158°C/0.3mm 154.2°C-155°C/0.2mm		$1.5316^{20.4}$ 1.5318^{19}	29	+	golden yellow
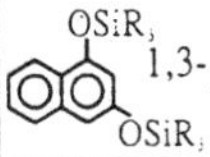 1,3- $OSiR_3$ $OSiR_3$	CH_3-	Liu, Huang & Lee		128°C-130°C/0.5mm		1.5270^{28}	80	+	yellow liquid
	C_2H_5-	Liu, Huang & Lee		175°C-176°C/0.5mm		1.5262^{28}	75	+	yellow liquid
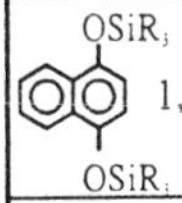 1,4- $OSiR_3$ $OSiR_3$	CH_3-	Liu		105°C/0.25mm 141°C-142°C/1.5mm		$1.5308^{24.5}$	(69) 44	+++	red oil light red
	C_2H_5-	Liu, Huang & Lee		228°C-230°C/9mm		$1.5289^{24.5}$	30	+++	red oil
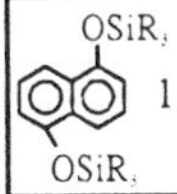 1,5- $OSiR_3$ $OSiR_3$	CH_3-	Finch & Post	新	140°C-141°C/0.5mm	87 85	- -	5.4 (71.0)	- +	
	C_2H_5-	Liu, & Huang	化	191°C-193°C/1.5mm	42	-	40	+++	faint red liq.
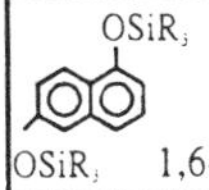 1,6- $OSiR_3$ $OSiR_3$	CH_3-	Finch & Post	合	169°C/5mm		1.5330^{20}	81		
	C_2H_5-	Liu & Huang	物	205°C-206°C/3mm		$1.5311^{18.5}$	54	+	faint yellow liquid
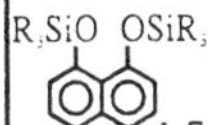 1,7- R_3SiO $OSiR_3$	CH_3-	Liu & Liu	十	127°C/1.5mm		1.5259^{24}	80	++	faint green liquid
	C_2H_5-	Liu & Liu	三	183°C/2mm		1.5255^{32}	57	++	colorless liq.
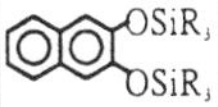 2,3- $OSiR_3$ $OSiR_3$	CH_3-	Finch & Post	種	156°C/5mm	61		30		
	C_2H_5-	Liu & Huang		194°C-198°C/5mm		1.5330^{17}	32	-	colorless liq.
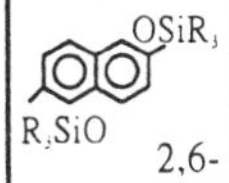 2,6- $OSiR_3$ R_3SiO	CH_3-	Liu & Lin		175°C-176°C/5mm	100		80	-	white solid
	C_2H_5-	Liu & Lin		195°C-196°C/3mm		1.5250^{32}	39		pale yellow liq.
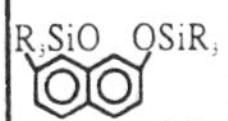 2,7- R_3SiO $OSiR_3$	CH_3-	Finch & Post		132°C-136°C/0.55mm	53 53		(71) 22		
	C_2H_5-	Liu & Lin		216°C-218°C/2.5mm		1.5275^{22}	73		yellow liq.

昔日居住過的 Graduate Hall。回紐約後，又飛往華盛頓市看白宮及紀念堂，再飛往路易斯安那(Louisiana)州 Skidell 蘇明陽處，參觀阿拉巴馬太空火箭中心。接著又飛休士頓(Houston)找黃何義、張美枝夫婦，亦遇王泰澤夫婦，一起去看休城附近的德州油田採油現場。然後，再飛亞利桑那(Arizona)州 Phoenix 市住一夜。翌晨，坐 Bus 入大峽谷(Grand Canyon)，放眼望去，一片錦繡大地，山川氣勢雄偉，蔚爲奇觀，地溝又乾又深，眼難見底，造物主眞是太偉大了！在此住木屋過夜，深深領略大自然之威力。由大峽谷回 Phoenix 後，到聖地亞哥(San Diego)張歐琴女士、林尊德夫婦處，參觀海世界。此次來回太平洋時，前後二次打攪尊德夫婦，眞是過意不去。

離開美國本土時，由舊金山起飛，先到夏威夷(Hawaii)玩，然後再飛往日本，受花王公司招待遊熱海、箱根，也訪妻之母校昭和女子大學，向人見圓吉學長致敬，再往大阪蘆屋住盛森家，遊神戶湊神社。再由大阪起飛後，直接到香港，遊胡文虎庭園、深圳、銅羅灣、山上 Cable Line 等，然後飛回台北。

此次，我是三訪美國，妻是初訪美國。今天回憶起來，自己也嚇了一跳，如此長途多處停留的旅程，當時眞夠膽量及力氣，一氣呵成。畢竟當時還覺年輕、不服老呢！

(五)台大休假——四訪美國

一九七六年，是輪到我休假(Sabbatical Leave)的一年(一九七六年八月至一九七七年七月)，東吳大學請我兼他們的化學系系主任。

一九七七年三月十四日，我單獨一人飛往美國看長男博新得學位後的情況。途中，在日本東京住一晚，野副教授來旅館見面，順便託他若干禮品給花王的朋友。翌日，由羽田機場飛往洛山磯，住 Van Nuys 博新的公寓。本來擬參加 University Of Missouri-Kansas City 的美國國內有機矽化學第十一次討論會並帶論文出來的，然而來到美國之後，突覺意態闌珊，反正這一次旅費是自己出的，不需報賬，誰也管不了我到不到場開會，此會又是美國國內的會而不是世界性的，自己的體力好像不大適合一人到處跑，這麼一想，就打消了再飛肯薩斯的念頭，乾脆請假放棄宣讀論文(論文摘要仍是交給該會)，留在博新處多住幾天。討論會內容請他們寄來 van Nuys，自己慢慢地看也是一樣可以吸收新知識的，又可以節省一筆旅費，這樣不是很好嗎？於是在 Van Nuys 停留三星期，拿一份討論會寄來的內容，於四月七日由洛山磯飛往東京，訪花王丸田社長。玩京都、和歌山，特別在京都到原谷苑看未掉落的櫻花，撿起掉在地面的粉紅花卉帶回欣賞。又特別被招待於「京踊り」及「御茶道」，當濃粧的女人以她們古禮的方式端來一碗茶和甜食，放我面前深深一鞠躬時，我眞不知如何應對此場面才好，是夜「京踊り」中之一妓來陪酒，和花王派來的人痛喝一場，再聽京調，印象很深。

四月十五日，我由大阪飛回台北時，因前一班飛機還有空位可坐，我就提前坐上了。到達松山機場時，當然不會有家人來接，略作找尋確知沒有家人在機場後，就坐計程車回家。心想，趁家人還沒有出門去接我之前，讓他們驚喜一場，殊不知下了計程車，按電鈴半天，竟無人應聲開門。至此，始知全家人都去機場了，連留一個看家的也沒有，我只好把行李放門口，坐在行李上等待，蚊子卻一直來襲。過路人還要回頭看我一下，甚至有熟人過路和我打招呼，想回機場找家人，又怕行李帶來帶去麻煩，想放行李於家中，再一人往機場，又不得其門而入，只好坐在牆外頭看行李、餵蚊子了。過了好久、好久，家人都回來了，我妻梅看了嚇一大跳，她說在機場接不到人，問航空公司一查，說名單上本來有我的名字，可是不知爲何擦掉了，帶著不安的心情回家，等進一步消息，卻發現我坐在牆外水溝邊餵蚊子。這一次到機場的，除了全家人外，尙有豐明、美貞夫妻在內。

㈥悲歡離合

1. 兒女成家

一九七〇年代，可說是我的人生和家中事情最多的一段時間。

一九七〇年八月，長男博新出國留學。一九七一年十二月，我庶母過世。一九七二年八月，博新和梅容在美國聖路易結婚。一九七三、七四年六月，次男學新、長女美貞，相繼畢業於師大化學系、家政系，都任教於重慶女中。一九七五年，博新獲博士學位並任職加州大學（洛山磯）作超博士研究工作。一九七六年五月，學新服預官役一年期滿退伍；八月，我姐英姑逝世。十月七日，美貞與羅豐明君結婚。我妻梅因太多事情接連而到，特別爲我姐之病疽每天換藥煩苦不堪，終於鬧出慢性胃炎，不得不找醫師檢驗消化系統，長期吃藥治療。是年，正好我休假，以便應付身邊很多事情。

一九七七年元月，盛坤堂弟在台大醫院肝病逝世，讓我感慨殊深！

三月，當我在 Van Nuys 住三星期時，南港陳春地打電話到我青田街的家，說有一日人要找我。梅聽電話後不知爲何人，告之以我去美國不在家。等我回家後問陳春地何人找我，始知五十多年前離開我家的袁爲簾，現在是日人山本爲簾，失踪半世紀後，突然回來尋根。

五月廿二日，學新與俊安在台北舉行結婚典禮。媳婦本在台南關廟教書，婚後辭掉工作，專心料理家務。

2. 奇人爲簾

袁爲簾幼年失父，與兄爲康、姐阿改，由我父扶養，兄娶、姐嫁，皆由吾家設法。他在我家當小聽差，童年是與我在同一屋頂下度過的。

他就讀南港公學校，比我姐晚二期，比我早三期。他畢業於一九二二年，其成績在三十餘人中排第五名。算是比較聰明而調皮的學生，日語的領悟力強。他說他在學校毛筆的習字時間，弄髒了自己的身手，也一定要弄髒別人的身手爲快事。

袁爲簾在公學校畢業後，到基隆公學校當工友，負責上、下課作息打鐘的工作。基隆公學校校長有一比爲簾小幾歲的男孩，喜歡與他玩，有一天兩人玩「紙標輸贏」入迷，竟忘了打鐘，誤事而被革職。失業後，他在海邊岸壁坐看海員出出入入，就想到能在商船工作也不錯，他說日語有點自信，就主動跟海員打招呼，打聽有否機會上船工作。多次嚐試之後，終於上船當茶房，負責餐廳內端飯菜的工作，往返日本神戶、臺灣基隆間多年。又受日本同事指點，改名假冒日人比較方便，於是他就改名爲山田爲簾。

後來，他以山田爲簾之名，在神戶找到一家餐廳當跑堂，結束了海上的漂泊生活。他努力學習菜藝，終於升爲主廚，店主山本沒有兒子，喜歡他，想把唯一的女兒嫁給他，但必須入贅，以繼承山本家。

爲簾也深知絕不可曝露自己漢人的身份，於是，斷絕與臺灣之一切訊息，討好店主的女兒，先上車，後補票，造成夫妻的事實，再補辦婚禮，因此又改名爲山本爲簾。當他辦理戶口入贅時，店主才發現他是漢人，此時生米已成熟飯，雖有糾紛，不高興，也只好認了，遂由他替山本家傳宗接代。

他們夫妻生了一個女兒叫山本悅子，很不幸，他的妻子早逝，女兒只好由其再娶的繼室來養育，長大後嫁入小西家，改姓叫小西悅子。❶

他在事業方面的努力，算是相當成功的。他不以一家餐廳主人爲滿足，利用日本侵略滿洲之機會，進出滿洲鐵路公司❷餐飲

---

❶日本女子一出嫁必失其原姓，雖保住原名，卻要改夫姓。因此，山本爲簾女兒山本悅子出嫁小西家，就改其姓爲小西悅子。

❷南滿洲鐵道株式會社，是日本侵略滿洲之前哨尖兵公司。猶如英國之東印度公司，以民間公司之名，行侵略之實。此株式會社是一個巨大組織的政治、軍事、交通機構，得自日俄戰爭結果，簡稱「滿鐵」，其主持人稱總裁，素有「滿鐵王國」之稱，其業務包含莫大之範圍。

部包辦餐車經營，甚至在鐵路沿途大城市之旅館餐廳做廚師，並奉派「回日本東京大飯店補習西菜做法」，以應國際性旅客之需要等，這一段時間是他輝煌的黃金時代。

二次大戰後，他退出滿洲，回東京時還相當富有，既可買兩單位的公寓，打通成一家，作爲居家之用。又可在東京市不同的地點，開三家餐廳，可見其經濟，不像戰後一般日人那麼苦。唯一遺憾的是，兩位妻子都沒有爲他生一個男孩，使山本家無後。

老來想享受清福，將餐飲事業收拾結束，錢存銀行，與繼室雲遊天下，卻再也按耐不住壓抑了五、六十年的思鄉之情。只好商之於老妻，答之以：

「孫女都成人了的今天，你還有隱藏出身地的必要嗎？」

就在老妻的鼓勵下，他決心訪臺尋根。

一九七七年三月，他由日本飛來臺灣。到基隆很容易找到連日發這個望族，可惜他的姊姊阿改、姊夫連建德已經辭世了，他的外甥連育雲很高興接待他。他也在高雄，找到他哥哥袁爲康的後代。他又到南港，找同班同學開雜貨店的陳春地及鄭尙智。

此時，二次大戰已經結束三十多年了，臺灣人本來就不流利的日語，很多人都忘了。年輕的一代只學北京話，不學日語。外甥連育雲雖會講日語，其家族後代也不懂日語，親情雖是不錯，表達意念互動，卻有困難。幸好，鄭尙智之子鄭親池，因戰時曾在日本工廠工作過一段時間，日語不錯，可以幫他們通話。

他也到南港我的老家去找我，他以爲我繼承先父的煤礦事業。此時，南港老家已經租給別人，但未改建，仍維持早年的樣子。他說當他看到老家正面的兩支圓形水泥洗石柱及後院的水井時，童年的往事一時浮現於腦海，眼淚不覺直流。可是他無法見到我，我已經搬到青田街的臺大宿舍。

山本為廉因飽受語言的困擾，不敢自己打電話，請陳春地打到青田街我家試行聯絡，我妻告訴他們我人在美國，他們也許非常失望，只說有一日本人想見我，就這樣結束了他初次的尋根之旅。

我在美國時，我妻確有函知我有一日人找我未果的消息，但我也無法推想是誰在找我？回臺北後，我問陳春地，才知道是山本為廉回來尋根。我要了他的地址，寫信給他，報知近況並寄去我的相片，讓他重新認識我的面孔，因為音訊斷絕五十五年之後，恐怕彼此都認不出來了。我在信上並說：「你的面孔我已無法想出來了，然而，我仍記得你右眼眼皮有一個疔瘡的疤痕。」

山本接到我的信後，也寄來他的近照，並說未料到我還記得他眼皮的疤痕，只是不是右眼，而是左眼。

就這樣，久久斷了線的風箏，竟又連線上了！

一九七七年十二月，山本為廉第二次回臺尋根，因事前聯絡好，我們很順利見到面，高興重溫童年舊夢。我設宴邀請南港地方同學，一同與山本會面。他也到終南洞三聖宮、先母創建的仙公廟行香，又到橫科山腰先父的墓園行禮。我三伯之三子劉永津(盛火)小時在南港公學校就讀，與山本也相識；七叔之子劉盛世亦略知山本之來歷，他們也來青田街我家會合，與山本一起同遊植物園、中正紀念堂、大坪林三落舊厝等。山本還說小時候有一次奉先母之命，當使者自南港走到中和我母親娘家——江家，因是劉家的使者，在江家大受歡迎，盛情招待，他從來沒有這樣的經驗，高興的不得了，一生難忘。因此，我派次子學新帶他去中和，拜訪我表弟江泉元(阿順)，表弟媳以日語告訴山本說：

「我記得小時候，你爸爸在我們家，爲我家人開藥方的場面。」山本聞此言，一時領悟不出時空今昔，連我都嚇了一跳。原來表弟媳比我大三歲，她知道的童年往事比我多。

一九七八年九月，我們夫妻倆週遊歐洲、美國後到日本，住東京澁谷山本家約一星期，日間自由活動，夜間借住過夜，他們夫婦都很歡迎我們。他們老夫妻住得很寬舒，又是東京的都心地帶，出入交通非常方便。

一九八二～八三年間，學新調職住船橋花王社宅時，我們夫婦住船橋約五十天，其間亦有與山本往來，互相見面。

一九八四年三月，南港公學校創校七十週年慶祝大會時，山本爲簾專程回來參加盛會。在山本的立場來說，此會是他一生唯一母校的盛會，在南港國民小學的立場來說，創校以來，山本成爲該校唯一的日本人畢業生。

其後，他再訪臺灣兩、三次，我八十歲壽宴時，不知道他有再訪臺灣的計劃，所以沒有寄請帖給他，他卻於宴後第五天突然來訪。當我們談到壽宴事時，大家都惋惜他沒有早幾天來，否則，可以見到更多的舊識朋友。然而，壽宴的消息也引起他的感傷，他嘆息道：「沒有人爲我辦過壽宴哪！」

有一次，我們在談論往事時，他突然告訴我說：「小時候，你父親每天講一段三國演義給你聽，我在旁聽得津津有味。」

他的這一句話，喚起了我遺忘的記憶，昔日我父親每天爲我講一段三國演義，由此養成我忠奸、善惡、正義的判斷力，同時也再度深化我對關公——劉、關、張三結義中之二叔公祖——的尊敬意念。

又有一次，他來臺訪我後，隨他外甥連育雲轉往基隆，預定暫住外甥處，大概是由於語言上的不方便，不出兩個小時，他又跑到我家來纏住我，一起唱歌、敍舊。

還有一次，他帶他的繼室及孫女麼里(已成年將結婚前)來我家，讓他這個孫女能認識我這個老友，並往日月潭旅遊。

山本爲簾與慶應大學附屬醫院立約，死後願將遺體提供作解剖研究之用。他說沒有比我更了解他的人了，所以，他就將該契約書留下來給我。因他捐軀的理念可敬，我特別把它公開出來。

一九九四年七月十二日，山本的女兒小西悅子函知我，她的父親已於同年四月二十日辭世，享壽八十七歲高齡。

一代奇人，就這樣走完了他的人生旅程。

3. 迎接孫輩

一九七八年二月廿八日，吾女美貞生韶瑩，而我和妻終於也升級做阿公、阿媽了，很高興，但也突然覺得好像老了許多！

韶瑩好可愛，眼睛大大的，臉型好看，又白又胖。對聲音有一點過敏似的，抱在手裏，聽到拉開窗簾的聲音會嚇一跳。學步時東碰西撞，爲了防她碰傷，我家裏的橱、桌、櫃有稜角的地方，都通通用保利龍包起來作緩衝。我和妻都很喜歡她，抱著她又搖又唱，從前抱博新、美貞等搖唱自製的搖籃歌，現在又派上用場了。抱孫之樂，眞樂無窮也！

翌年二月廿四日，美貞又生了珮瑩，我與妻於是有了兩個外孫女了。半年後，俊安生依文，所以我的內外孫女合起來三千金。依文生性較內向，比兩外孫女文靜，兩外孫女活潑好動胃口好，而依文好靜且胃口奇特，偏好硬怕軟。

一九八一年四月十二日，花王石鹼株式會社正式任用學新於東京本社，配有宿舍在千葉縣西船橋，因俊安懷孕待產，學新單身赴任。

一九八二年五月廿二日，俊安又生一男孩昭宗，於是內外孫有三女一男也。與我同年輩之人孫子一大群，而我只有這麼四個，心裏雖然不甘，然而又有何辦法？畢竟孫輩是兒女才能生，兒女不多生，我是無能爲力的，吾妻偶爾提到是否風水地理作怪而引來一笑。

待昭宗生後滿五個月，一切預防針打好之後，妻領隊將俊安、依文、昭宗一併帶往日本交給學新，三週後妻飛越太平洋到洛山磯 Inglwood 博新處，不料庭院的石塊滑，足踝扭傷而不良於行。在博新處住三星期再回日本船橋，又住一星期才飛回台北。

在此兩個月時間，我的身體、心理都發生毛病。心臟缺氧之發作，先是隔一星期發作一次，繼而三、兩天發作一次，最後一天發作兩次。每次發作心跳加速，手腳發抖，全身無力，不能言語，不能集中注意力，連開抽屜之意志力都喪失。此種狀況如發生在路上，特別在紅綠燈十字路口，那不知要引起何等惡果，不敢想像，而心理上失去自信，不敢隨便出門，一切及時處理事物之能力，好像都沒有了。

偏偏在此時，日本野副教授夫婦來台，中國化學會創立五十週年紀念，要致贈我化學獎章，並請我演講廿五分鐘，一一勉強應付過後，趕往台大醫院住院作健康檢查，查出心臟動脈硬化尚屬初步，可藉藥物防止發作。退院後，心臟缺氧之發作仍是時有出現，自己體會到心神放鬆，不負某種責任，逍遙自在就不發作，以後就盡量簡化生活，加上長期服用心脈寧，也是有它的效用的。

一九八三年二月廿五日，羅豐明、美貞一家四口遷往美國定居。我們只有一個女兒，遠赴美國定居，兩老在台心情自是鬱悶的。然而，社會變遷，大勢所趨，無法阻止。當年，我若非「母老姐殘」所纏，何嘗不想定居美國自求發展？如今子女能演出當年我沒能做到的事，應該鼓勵他們才是啊！何況，博新也在不遠處，互相照顧較易。往昔通信困難，一信來往需以月計，現在電話直撥，隨時可以講話互通，天涯若比鄰，地球已是一家親了！

(七)環球西行

1. 三訪歐洲

一九七八年八月十四日至十八日，第五次世界有機矽化學大會在德國卡爾斯魯赫大學(Karlsruhe Universitat)舉行。我爲參加這個會議，第三次訪問歐洲，因念妻未曾到過歐洲，鼓勵她參加旅行團，由我作陪，同遊歐洲。當中除了我在德國開會，她隨團訪西班牙、瑞士，夫妻暫時分離，等她的旅行團來德國時，我開完會前來會合，繼續我們的行程。

計畫既定，八月二日，我妻與旅行團先飛往香港住一夜，我因是現任國立大學教授，香港當局不便給我簽証入境，待翌日再飛往香港機場與旅行團會合，轉飛印度新德里(New Delhi)，卻因旅行團成員有人喝醉酒誤時，等好久才上飛機。到達新德里時天尚未明，在旅館稍息，就驅車趕路看 Taichimaha 陵，適逢天雨，陵方要求脫鞋光腳入內參觀，我憤而不脫，留外看管鞋堆，發現雨中蒼蠅不厭水，全面停留鞋面，使人看不到鞋，只看到蒼蠅成堆。沿途有人弄熊，有人弄象，田邊有人隨地蹲、站大小便，牛住磚房而人住破木板屋等怪現像。逆子囚父而登基，民脂民膏不作治水建設而用於建愛姬陵墓、古蹟，使我對一向沒有好感的印度，更加惡感。

由印度飛往羅馬途中，我因前日機中難眠及疲倦，遂發生心臟缺氧而呼吸急促，經吸入氧氣始平安抵達羅馬。

在羅馬，看廢墟、鬥獸場、地下墳、梵諦崗(Vatican)宮，使人感覺荒涼、野蠻、強權之惡。深感自原始社會到今日文明之間，要經過多少錯誤、痛苦和犧牲，如此得來不易之文明，更應珍惜，努力求進，絕不可退卻。羅馬公園內的「水鐘」，比較特殊，利用流入水量來撥動指針，很有創意。

及至文藝復興發源地佛羅稜斯，欣賞米開蘭基羅廣場中眾多人物藝術雕像，看比薩(Pisa)斜塔等，繼而入威尼斯水都，深感他們建設能力之大。無車輛之大馬路，聖馬可廣場及鐘樓，與十六年前來時沒有多大差別。車轉米蘭，看 Scala 大劇院，Duomo 大教堂，又看大寺院前銅牆上的多數人像當中，有一支小腿被眾人摸亮了的樣子，聯想到昔日淺草石觀音的鼻子被參拜民眾摸平了的怪事。再驅車遠走摩納哥(Monaco)小國，看賭城蒙地卡羅(Monte Carlo)的風光，到尼斯(Nice)看地中海的美景，再沿海岸驅車入西班牙之巴塞隆納(Barcelona)。

我在此與妻分手，飛德國法蘭克福，轉卡爾斯魯赫大學參加開會，我帶兩篇論文在會上發表。其一是「有機矽對水稻培植時當做生長促進劑之應用」，另一是「三甲氰矽烷之 Houben-Hosch 反應」。頭一篇報告是我和台大農學院賴光隆教授合作之研究，發現若干有機矽對水稻之發育收穫，有良好的促進作用，當中有些有機矽之效力超越 Ethrel。另一篇報告三甲氰矽烷($(CH_3)_3Si-C\equiv N$，Trimethylcyanosilane) 作 Houben-Hosch 反應時新生 C-C 鍵，這一點與有機氰(Nitriles)相同，然而同時發生脫矽(Desilylation)現象，此爲新事實。

我在這次大會主持兩場討論會，略盡國際間之任務，稍表東方人在此門科學中亦有業績可談。

卡爾斯魯赫大學原是一所工科大學(Technisch Hochschule)，記得一九六二年來訪 Henglein 教授，他正在津津有味地大談糖類之羥基，通通矽化後的情況，十六年後再訪該地，此老已作古了。G.Fritz 教授由 Giessen 轉來此大學，另起爐灶專搞碳矽鍵新生反應，而開拓了 Carbosilanes 之一大分野，殊感人與事之關聯性！所謂大學之機能，全靠教授之品質活力而定。

教授治校在解嚴後的台灣才開始有人主張，不知何年何月才見落實。如歐、美、日他們已實行多年了，彼此之差無法作比。又想到自己的一生，在沒有教授治校之情況下過完。那我的教授又是怎麼當的呢？我只是一個時代的犧牲品罷了。然而，此宿命又有何人能免？除非歸化外國，別無途徑也。幸好，在科學範圍內，我能建樹若干成績已算是萬幸了，君不見：出現於報紙上的「政治受害人」之多？他們或她們還不是有理想、有活力、有能力的人，只因時代背景不許他們發揮而被折磨成一事無成。造成身殘、家破甚或人亡了。

我在德國開會期間，吾妻隨團飛馬德里(Madrid)，看鬥牛，看西班牙古皇宮。再飛往瑞士日內瓦(Geneve)，參觀日內瓦大學，Neuve 廣場宗教改革紀念碑，而後看 Jetee des Eaux-Vives 每天一次的大噴水，經 Interlaken 登阿爾卑斯山，爬 Jung Frau 峰，盛夏立於冰天雪地之中還發抖叫冷。吾妻由瑞士、德國並作萊茵(Rhein)河下行之旅到法蘭克福。我在卡爾斯魯赫開完會後前來會合，然後和旅行團飛往西柏林。

西柏林尚故意保留大戰時被戰爭炸壞的教會殘骸，作爲警世之用。我們還參觀大寺院中支管二佰支之大管琴、奧林匹克運動場等。當時，東、西柏林僅一牆之隔，牆東多數無人居住之空樓房，是爲了防備東德人民用作隱蔽西逃之用，而強制騰空的。牆西則建立展望台，遠望東境死沈沈的空屋群，遠處尚可隱約看到俄軍司令部、紅帽俄軍進出的狀況。

由西柏林飛往漢堡，夜間再訪人肉市場，霓虹燈照明下，肩擦肩地與妓女會面，並沒有特別快感，反而感到性病傳染的可怕。乘火車、坐輪船過海抵達丹麥的哥本哈根，參觀皇宮又聯想到莎士比亞的哈姆雷特(Hamlet)的故事，看到美人魚坐在海邊，又想到龍王管其女登陸會男友，限定時間，害得來不及於時間內回到水中，造成入水後下半身變魚，而上半身仍是人身，眞苦戀也！

哥本哈根之 Tivoli 夜景特殊，拍了許多照片留念。

由比利時轉法國巴黎，參觀凱旋門，一大早卻看到一老婦人睡在地下鐵的通氣窗口(在路面上)取暖，心一酸，巴黎之美麗頓時打了折扣。羅浮宮、路易十六被砍頭的地點、大革命發生、同時也是第一次世界大戰簽定和約的凡爾賽宮，艾飛爾鐵塔、塞納河畔、地下鐵、夜總會等太多可看的地方都看了。唯一終生難忘的是我妻遭搶了，被騎車之盜賊搶走手提包，損失法幣、美金、手錶等約值三百美元，幸好人沒有受傷。

巴黎住了三天，感覺氣溫還蠻暖和的。再由此飛越英、法海峽，抵達倫敦。

倫敦比巴黎冷了一點，我們也在此停留三天，看倫敦橋及大英博物館，發現大英帝國搶來的中國東西太多了。溫沙堡風光、白金漢宮，大黑帽、紅上衣、黑褲的儀隊，每日演出的儀禮，代表老帝國的夕陽無限好！倫敦塔中之珠寶、王冠、劍光象徵著財富、權柄及政治鬥爭，人頭落地之哀歌，如今卻怕烏鴉棄巢遠去不回。大英博物館前之兩隻純白石獅與鴉片膏純黑色的對照，也是一奇也。當年的鴉片戰爭，英人表現之黑心、黑肝，叫人如何能忘？

2. 五訪美國

遊完倫敦，結束卅天的歐洲之旅。於是，我與妻和旅行團分手，九月二日飛抵美國紐約，暫居陳發淸教授處，便急電洛山磯博新寄錢來彌補在巴黎的損失，方可繼續在美國旅行。台大化學系畢業的楊思成夫婦來訪，相偕遊中央公園，坐馬車跑遍了中央公園，楊太太也是我的學生，燒得一手好菜，眞是了不起，相處數天，幾次品嚐她做的菜，一生難忘，喜見這一對門生結成連理，在異國相攜、相依，共創新天地。

九月七日，我們從紐約飛往科羅拉多(Colorado)州首府丹佛(Denver)市，轉 Rappid City 住一晚。翌日，參加 Black Hill 觀光團遊覽 Rushmore 山區四大人頭。南達科達(South Dakoda)州著名的四個總統頭，是由三代彫刻家辛苦工作始完成的。到處尖石如劍山，又途中導遊口音奇快而走樣，竟把 Black Hill 說成 Bagio，再由妻想像變成日音「馬狂」(Bakyo)，弄得一頭霧水。我曾問過導遊：「你說的 Bagio 是甚麼？」她頭一歪，想一想說：「我沒有說啊！」

下山後，再住一夜 Rappid City，於九月九日飛鹽湖(Salt Lake)城，轉飛國立黃石(yellow stone)公園。中國歷史上張良(字子房)遇黃石公指點而成大器，然而美國之黃石卻是一大片土地之名，而此土地到處有天然噴水噴霧，有的哄哄作鳴，有的不斷陷沒地皮，有的定時噴水高達數百尺，蔚爲奇觀。唯此地地勢高、空氣稀、氧氣薄，年紀大的人到此容易發喘，拖行李走也呼吸急促了。

當天住黃石鎭，翌日入山遊覽多處，遠看東一塊、西一塊，大小不同的水烟地區出現於地平線，險踏以木板保護的陷沒中之水砂泥漿，又看 Old Faithful 溫泉定時噴出，熱水沖天，且其時間可以準確地預測，古今皆如此而得此名，連唯一的原木大旅館也取名 Old Faithful lnn。九月初旬，已下雪而奇冷不堪，夜晚燃火取暖尚嫌不足，寒夜難成眠。以睡眠不足之身、缺氧之氣、兼又天寒，並不好受。看峽谷時，發現此地之峽谷不是乾的，急水衝流其間，與在阿利桑那的大峽谷是大不相同的。

九月十、十一兩夜，住 Old Faithful lnn，經驗他們充滿野性的餐食，加上擴音器之惡劣聲音，殊感不愉快。吃飯要先排隊登記，然後卻等她們叫名，之後，又要排隊等待有空位才入食堂，人多又孤行獨市，不怕你不來吃，待遇就差了。"Liu, Gatty Too" 這樣的叫聲在排隊半天、登記後又等半天才聽到時，又不懂又火！這種做生意的方法，使我極端反感，人名既無稱呼，播出的聲音又不成話意，後來才知兩人爲伴稱爲 party two，而擴音器聲音走樣或播音人口音差竟成 Gatty Too，眞氣人也。

九月十二日，離黃石鎮，經鹽湖城轉飛洛山磯之 Keystone，在博新處住兩星期，大吃 pizza 兩大鼎，終於把妻嚇壞了，一下子訂了這麼多，吃厭了還得帶回家再吃，使得吾妻往後一段時間，談 pizza 而色變。參觀迪斯尼樂園(Diesney Land)，看熱帶花園，往訪歐琴獨居公寓。

九月廿四日，自洛山磯起飛往東京。中途一度感覺心臟缺氧，吸入氧氣過關。在日落入夜之前，天藍地黑，地平線出現上黃下金、橘色之黃金色帶時，其景之美，在陸上、海上都無法看到，攝入相機留念，又想起多年前，白天背太陽而飛雲上時看到的奇景，雲霧作白色背景，地面上看成圓弧的虹變成圓環，五彩圓圈中竟映出十字架似的飛機黑影在圈內，妙不可言也。

九月廿五日，抵達東京成田國際空港之後，坐火車入東京時，在成田車站遇到林耀詮，據云他住千葉市有年了。火車抵達惠比壽站下車，打電話給山本爲廉，住他家六天，白天我們夫妻到處跑，夜晚回山本處睡覺，於九月卅日由東京飛回台北，結束了六十天的環球旅行。

我們回到家的前兩天(九月二十八日)是教師節，我在台大服務已滿四十年了。教育部在教師節那天，贈送我刻有「菁莪樂育」的木製大匾額一面及獎金乙封，並印成「服務四十年資深優良教師」一冊，把我和我的相片登在首頁第一名。

(八)化學獎章

我是台灣「中國化學會」和「科學振興會」的永久會員，曾經擔任過「中國化學會」英文會誌的總編輯和「科學振興會」的理事和顧問。也曾經是日本化學會、美國化學會和美國 Σxi 會(Society of Sigma Xi)的會員，參加過多次國際有機矽化學討論會。

一九八二年十二月十二日，「中國化學會」慶祝五十週年紀念時，該會以我合成之新有機矽化合物已達三百種，贈我以化學學術獎章，並要我作一演講。因此我將研究工作中所歸納起來的若干心得、結論、假說，作一次簡要的介紹及討論，然後提出若干未能及時解決的問題數點，以供後人繼續探索的參考資料。結論、假說方面，我報告下列六點：

A. 由四元(三甲基矽基)甲烷(Tetrakistrimethylsilylmethane)型化合物領悟之體效應。

B. 有機矽氧阿達曼丹類與有機矽氧哇啉類之立體效應比

較。

C. 二元(三烷基矽氧)萘類化合物之立體效應。

D. 苯環上取代基與苯環上 C–O–Si 鍵抗水性關係假說。

E. 有機矽用於火藥或用作農作品生長促進劑之嚐試。

F. 有機氰矽烷作 Houben–Hosch 反應之脫矽現象。

未解決問題方面提出下列四點：

A. 矽化(C–Silylation)時，常有鎂不形成鹵化鎂沉澱，而形成膠質(Colloid)，無法過濾除之而阻礙合成工作。膠化是由何種因素決定尚待研究。

B.X–(CH_2)n–X 型化合物作 C–Silylation 時，n 之數值與反應成功率有關，需進一步研究。

C. 含氮有機矽化合物對光線敏感，可否利用陽光？待研究。

D. 阿達曼丹之 1–C–Silylation 是否可能？多次試製 1–Trimethylsilyl adamantan 爲何都沒有成功？

自我從事有機矽化學之研究到現在，包括這次在「中國化學會」的演講在內，先後在國、內外各地，演講有關有機矽化學的事情，總共有二十二次了。

第二天(十三日)《中央日報》記者陳正毅寫了一篇專題，報導：

「劉盛烈教授不畏艱困，研究有機矽卓然有成，獲選化學獎章，實至名歸。」

一九八三年二月八日，賈亦珍也以〈鑽研有機矽 功在農藥醫〉爲專題，在《世界日報》報導：「劉盛烈研究基礎科學成就獲肯定，期望有機無機化學溶一體。」

(九)我的感懷

臺大化學系的發展，除同仁的努力之外，尙有歷代校長之扶植，國科會之支援，多方面的扶持、幫助、激勵，始有今日。然而，偶也會有意想不到的阻力，急待改善。諸如藥品、儀器，進口的煩慢手續，外匯管制、海關通關等問題。比較大的問題暫且不談，我們就從身邊較小的地方談起：

舉凡學術之研究，必待出自「自動而積極的工作」，再加經費始可有成。因其工作需有創造性，所以與所謂辦公或工廠生產程序不一樣。國人對此點不甚了解，假如連大學人(包括學生及行政任務人員在內)也不了解的話，那根本不夠資格談科學研究。

從前野副鐵男教授未到臺大之前，曾經在臺灣專賣局南門工廠(已拆掉的樟腦、阿片工廠)研究室當過技師。當他提出要求購買主要化學雜誌之 back number 時，受該局日人庶務課長責備說「你大學都念完了，還想看那些舊雜誌？我勸你還是看新書吧，錢是有的！」這樣的笑話，表示辦公廳裏的人不懂科學研究何其深！類似的事情，在咱們的化學系也有過。

「光復」不久，某總務長爲提高校內職員之工作效率，特定研究室的職員，必須每星期清算一次室內之所有儀器、玻璃器具，並將其增減消耗情況具報，他似乎不了解教授在沒有課時也到研究室來，每天指揮職員作實驗；他也可能不知技術性職員如何幫助做研究實驗的。

「管」與「做」之間的差別很大，「管」不會管出新東西，「做」才能做出新東西。我們的辦公人員喜歡「管」，也只能「管」，他以爲研究室的職員也是在「管」東西。

另一例是有一次暑假中，校本部派人到各實驗室巡視職員工友的工作情況，以便作考績參考。結果看到普通化學、分析化學、有機化學等大一、大二各學生實驗室，全部清掃得一乾二淨，連木頭椅子都上實驗臺，認爲工作情況特優。一方面暑假期中，各研究室之職員、工友，因教授趕作實驗，連應有的半天辦公、半天休息的假期都犧牲掉，而每天加班趕到夜晚，第二天又趕作下一步實驗，那裏有必要清掃？因此被認爲「暑假已多天了，你們連清掃都沒做好。」當然考績不會好的了。如此不懂的「外行人」所做的「害科學」不知有多少？

如今職員、工友都向辦公室看齊，再也不做時間外的工作了。研究室裏的時間外工作，只能靠研究人員來做，此應歸功於「管」理得法，實踐了民主思想。然而，創造性的求眞工作受到阻礙了，假定有一天，研究人員也辦起公來，按時上、下班，時間外一律不做實驗，民主更透澈了，我們科學研究壽終正寢的日子也就到了。

不合理的制度，不合理的評價是可怕的，如說關係到一國之興亡，也未必是過分的。近年來，報紙上常提科學中化，我不清楚他們的內容及意思，假如是說科學名詞、科學書改用中文就是科學中化的話，我是很難同意的。我認爲只有把這些大大小小的阻力，設法改善，才是我們振興科學之道。

再如，我們在大學做研究的成果算是科技新知之一，而政府法規上不僅沒有鼓勵，反而有阻擋、妨害的傾向，因而印象特別深刻。當我在有機矽化合物研究方面，創造一種特殊性大的新物質：「四元三甲矽烷基甲烷」、英文名 Tetrakis(trimethylsilyl) methane 時，心血來潮，就向政府申請此物製法的專利權。此事由標準局接受辦理，經審查後該局來函云：

「貴方申請之專利案審查結果可以准許，但需先繳完往後三年份專利稅後，始可領取專利證書」。

我認爲發明並不一定獲利發財，發明人未得利先繳三年稅等於因發明而被罰款，因此放棄此專利權。後來有天我的日本朋友來訪時偶然談到此事，日人朋友說：

「你把這一件專利案委託我到日本去辦理好了。日本政府爲獎勵發明，專利權獲得後三年間是免稅的。」

此友人眞的以我的名字向日本政府辦成特許局之特許証(即台灣所謂的專利証)。

此雖小事一件，然而其背景是爲政者只知抽稅，而不想鼓勵科技發明之短視心腸。如此阻礙科技研發之不良作風，眞是值得有關當局好好徹底檢討。

(十)台大退休

一九八三年七月卅一日，我連續服務台大四十五年又三個月後正式退休了。如連學生時代(一九三五至一九三八年)也算進去，則我在台大生活過四十八年又四個月(中間約有三年時間在外國，然而在外國期間，仍是以台大正、副教授身份出國的，當然可以算是連續性服務)。歷經幣原坦、三田定則、兩位安滕、羅宗洛、陸志鴻、莊長恭、傅斯年、錢思亮、閻振興、虞兆中多位校長，退休後每年仍以兼任教授留在化學系。一九八六年十一月，孫震校長致贈我終身「名譽教授」的榮銜和證書。一九九三年以來，每年除了接受陳維昭校長的兼任教授聘書外，還有年初團拜、校慶、校友會等慶典活動，到今年二〇〇四年，我與台大已快持續七十年的因緣了，這是人世間少有而値得慶幸的一件事情。

我在台大教過普通化學、有機化學、有機分析、有機矽化學、高等有機化學等課。前兩門課因是基礎課程，所以除理學院外，尙教過醫學院、工學院、農學院等多系學生，這些學生後來在社會上相當活躍，都有成就，有的成爲事業家，有的當上部長、大學校長、中央研究院院長、副院長的，也有的留母校當教授、院長了，集天下英才而教之，眞是人生的一大樂事也。

有機矽化學是我在台大首創的一門課程，經三十餘年在此方面之合成研究，我創造新化合物三佰零三種，確立其製法，確定其分子構造、測定其物理性質，並留存樣品於化學系，且將此內容報告於國內、外化學刊物。此分野之新知識大有將已往的無機化學、有機化學兩大化學間之鴻溝，距離逐漸塡補形成「汎化學大世界」之傾向，只待後人之繼續研究，以及有機金屬化學(諸如有機鐵化學、有機汞化學、有機鍺化學、有機錫化學等。)之發展，「汎化學大世界」之完成，指日可待。

連同早年我在羊毛脂之成分研究時，所發現的二十多種新側鏈脂肪酸類一併算，我在化學界所証實過的新化合物是三百二十七種，以未能超過三百三十種爲憾。一九八三年，我退休了，我停止研究實驗，終止我的有機矽研究。我把多年來所用之有機矽試藥類殘存量，全數移交給楊美惠教授，請其善加利用。我也把一九六八年出版的 Melting Point Table of Organosilicons (521 頁)一書堆積多年的續編原稿交給她，得當時台大化學系系主任林敬二教授之贊同，於一九八四年出版了體裁與原編相似的一本書，書名叫：

《Melting Point Table of Organosilicons,Supplamental Edition》(220 頁)

現在，我要把一九七一年以後，在我研究室共事作合成工作之職員、研究生、專攻生等多人的名單寫出，以誌永久的紀念：

陳小鳴、楊武晃、蕭耀基、梁榮昌、金平中、陳萬傳、李清主、趙仲晏、蔡懷民、郭美蓉、謝澤鴻、游瑞成、莊麗貞、王鐵國、丁惠玲、黃淑清、劉緒宗、林政遠、楊本源、黎健民、陳昭雄、沈宗禮、彭建峰、李仁盛、劉民光、林俊良、吳姿燕、朱盡楠、張博文。

我眞高興我的學生李遠哲博士，成爲世界級的科學家。他在化學動力學、動態學、分子束及光化學方面都有開創性的卓越成就。他也是具有人文精神的知識分子，關心社會上弱勢者，投身教育與社會改革，提倡文化藝術，同時關懷地球生態之維護與永續發展，對臺灣和世界都做了很大的貢獻。一九八六年，他獲得諾貝爾化學獎，是第一個臺灣人獲此殊榮者。同年十二月十九日，他回到母校臺大訪問、演講。那一天聚餐後，李氏與夫人連名留字如下作紀念：

「一九五五年，劉教授給我們講授的普通化學課，使我對化學發生了很深厚的興趣，非常感謝劉教授對我的關心與愛護，也更高興今天看到劉教授容光煥發，體健如昔。

生李遠哲
吳錦麗 敬留」

接著，孫震校長也寫下這樣的賀辭：

「李遠哲教授榮獲諾貝爾獎，返回母校演講，給母校師生很大鼓勵。李教授的成就，固然值得我們敬佩，劉教授昔年的教育和啓發，必然有很大貢獻，特藉此機會向劉教授致賀。並祝

健康愉快

孫震 75年12月19日」

青出於藍而甚於藍，爲人師者最高興的事，就是看到自己學生的成就了。我以李遠哲爲榮，那天正好是我七十五歲生日，他們的留字紀念，成爲我生日最好的禮物。同時，我也希望以後我們臺灣有更多的李遠哲出現。

自一九三五年(民國廿四年)考入台大化學科起，一晃就是七十年。包括畢業後留校作研究、獲得博士學位，熬過第二次世界大戰、日本敗退，國民政府遷台，改任副教授、出洋、回國任教授至退休、再任兼任教授、受贈名譽教授止，其間除出國進修外，全部時間都在台大從事教學、研究的工作。

在我過往的九十多年的人生歲月中，可以說有三分之二以上的時間都是在台大渡過的。並且由有機化學的研究，又推廣到新

分野有機矽化學上去。對自己創造的新化合物好像就是自己兒孫一樣的具有親密感，當此化合物被拔粹編入 *Chemical Abstracts*(世界性化學文獻概要)時又有滿足感，總算我沒有走錯路，也不虛此生了！

十、退休生涯

(一)遊山玩水

1. 富士之旅——合家歡

一九八三年七月底，我退休後沒有任務一身輕，而心臟缺氧的毛病也不再發作了，倒是掛念在海外的兩個兒子的家。

八月廿七日，於是將家託二嫂(內兄之妻)及歐元內弟看管，帶妻及三男哲新飛往日本成田國際機場，學新開車來接，我們住進他在西船橋花王的宿舍，到十月十五日前後住了五十天之久。依文已可和附近日本小孩一起玩，而多少學會了些日語，昭宗只滿一歲過三個月，還在吃奶，但可隨姐姐和他們一起玩。昭宗離開台北時只有五個月大，又經過十個月沒見面，已生疏了，不敢讓我抱，然而很快就慣了。

九月四日，博新夫婦由美國飛來日本學新處會合，只剩美眞沒來參加合家歡而已。三兄弟在船橋帶妻子大談家常及各自人生經驗之後，坐 Hato Bus 遊東京。

九月七日，全家老少九口一起坐火車由東京南下至三島站，改坐專車 Wagon 周遊富士五湖，當夜住在湯之元「Tachibana」旅館，在大房間(座敷)開宴吃日式飯，洗日式澡，一同睡日式「床」。所謂「床」，就是被鋪在日式草蓆上，人睡其上，再蓋棉被睡，並沒用木床或鐵床等。很久都沒有這樣睡了，大家可能沒有好好地睡夠，至少我是沒睡好。

翌日，遊箱根、熱海、熱川、伊豆半島海岸，是夜住「Kadoya」，是白浜的一家民房兼營之 pension。再次日，由白浜坐 Bus 到下田，再坐火車回東京，途中在橫濱下車，找中國館子吃午飯，並祝吾妻生日快樂，黃昏入夜始回到船橋學新家。三天清遊全家福，甚爲高興有這麼一天，父母、子媳、孫兒同遊之樂。

回家之後，在報紙上看見有人著書預言：九月八日前後，有一天是富士山大爆發的時期，且日本全國有不少人相信此預言。「不知道的人最強」的古訓，又一實例也。

九月十日，博新飛回美國。十三日，我往花王見丸田社長、佐川幸三郎副社長、伊東副社長，常磐、武田兩專務，中川、小峯兩部長等人。十五日，專程拜訪野副恩師。十八日送哲新先回台北，倆老繼續留在日本，享受含飴弄孫的樂趣。

廿三日，我與妻相偕往新潟作「佐渡－彌彥」之旅。當 Jet Foil 飛奔海上四十九里，不久，佐渡島出現於遠方，登陸後住「Royal 萬長」旅館，設備尙可。其名不東不西，略生反感。然而整個日本何嘗不是這樣？報紙上的用字又西化、又短略，再加上日語半句，就成了 kalaoke 那一類的混賬語，而大流其行。是夜，看一場舞台上的「Okesa 踊」。

翌日，冒雨遊覽海岸、金鑛、尖閣灣奇岩怪石之後，以 Jet Foil 回新潟住「東急 Hotel」，在電視中聽到民謠之王「江差追分」。

廿五日，再遊佐渡對岸的彌彥山、七浦海岸，看三六〇度回轉展望台，寺泊漁村等，入夜回到船橋家。

日前在新宿買來的照相機，這次發揮了力量，可惜沒來得及照博新及哲新他們。

九月卅日，偕妻出去東京作「下隅田川之旅」，遊東京塔、訪浜離宮等地。無意中迷入西船裸舞劇場，其缺乏藝術性，大失所望。當看其定價太貴時，覺得有一點莫名其妙，及至看他們以石頭、剪刀、布決定誰上陣，始恍然大悟原來如此。在西船橋經富士書房訂購若干書，又和學新往市役所，往 Sun Shine 大廈辦理學新眷屬多留一年之手續，妻則去看 Golf 球場、競馬場等。

山本爲簾甚爲關心我們家人，有時甚至過度關心呢！

十月十五日，我與妻飛回台北，結束了五十天的富士閣家團聚之旅。

2. 六訪美國

一九八四年四月，爲三男哲新辦完婚事後，我與妻於六月廿九日飛往美國洛山磯，作第六次訪美之旅(妻是第四次)。在 Anaheim 博新處住三個月，共九十二天。這是一九七〇年博新出國以來，與父、母相聚最久的一次。我以退休隱居之身，萬事以簡化生活，減輕心理負擔，減低精神、肉體壓力爲原則，祈求無病多福，只望安樂靜寂，不求到處遊玩。妻則尙能玩樂，因此我多看家，讓他們母子多玩。

六月廿九日，未抵洛山磯前，我一度感覺心臟缺氧發作，自行調節減少氧需要量度過難關，到達洛山磯後，一切依上述方針保身，卻使吾妻盡量享受，看歌劇(Opera)、遊海邊。往休士頓

(Houston)，訪美枝妹。到新奧爾良(New Orleans)訪明陽，看美眞家。看奧運(Olympic)電視、上街購物(Shopping)、上日本館子、訪 Movies wax 博物館。到聖地牙哥(San Diego)訪歐元、上 Anthony 海上餐廳、到 Accacia 訪歐誠，觀中秋明月，到 May Co. 買手錶，爲梅祝賀生日。往 Bueno Park Mall 購物，上墨西哥館子(Mexican Food)、上中國餐廳、看電影、遊人造池塘等等，就這樣地過完了三個月，於九月廿九日飛回台北。學新夫妻、哲新夫妻到中正機場接機，深夜十一時，才回到我們基隆路的家。

(二)解決懸案

劉家與仙公(呂洞賓、孚佑帝君)之緣份，已達四代之久。自從先祖父祖堵公創建指南宮之後，先父隆修公參與指南宮重修，南港奉祀建指南宮之老祖神像。繼而先母努力創建南港終南洞三聖宮，我本身爲創終南洞，向當時日本政府交涉申請許可手續而參與在先，續任終南洞管理人及指南宮管理人在後，及至一九七七年，在歡迎山本爲簾席上發表心意，希望南港在地人士組織法人接受經營終南洞，次男學新亦出名參加組織，後來堂兄永津、堂弟盛世、侄新嘉亦參與終南洞之改建等。自祖堵公起，經隆字輩、盛字輩、至新字輩，前後四代結緣之呂祖終南洞，在我心裏始終掛念，未能組織久遠而安全機構來管理經營爲憾。如今，法人組織因政府有意立法規定宗教法人，而停止受理財團法人之申請，不得不暫緩組織法人。既而南港在地人士確實已出力開始重建此廟，我並於一九八七年七月廿二日，將終南洞重要資料移交闕山坑先生，並取得收據且有見証人簽字，至此心中多年之掛慮冰解。喜已有可靠在地人士接辦此廟，而我獻出此廟爲公有，不收分毫補償費，乃出於先人建廟初衷，爲呂祖建廟，並非爲子孫置產之故也。

我麗水街卅三巷三十八號之房屋，是向周德傳購買的。因周德傳與師範大學過去之惡緣，而未有土地所有權。買後自己居住，這個房子前、後院有足夠的空間，有充足的陽光，有花草樹木，是良好而安靜的居家環境，使我能勝任於在台大教書，孩子能專心求學而學各有成，在我家人的心目中是理想的住地。然而也有缺點，下大雨時因地勢不高而容易淹水，自來水配管細小，很難應付附近急速增加人口的需水量澎漲，最大缺點就是先天上欠缺土地所有權。師大以公立大學之立場，借官勢欺壓國民，一而再想盡方法擺脫早年與周氏之協議，特別對無直接協議關係之我方，更設法迴避責任。此事亦是我多年掛念之事，幸好一九八七年年末，經過多次辛苦交涉，在勉強可忍的條件下妥協成立，師大收回房屋及土地，我方忍痛解決，結束此一不安定的土地使用關係，換來安心立命。

南港道路預定地一百餘坪，既不能建屋也不能善用，多年來等待政府收購或政府放棄築路計劃，光復後四十餘年未得解決之懸案，直至一九八八年十二月底，市政府才主動辦理徵收築路。

這些讓我多年懸掛的事，最後總算都解決了。

㈢鱗爪留香

一九八三年五月十七日，成功中學(原台北州立台北第二中學校)創校六十一週年紀念，選出六十一位傑出校友，由母校致贈「榮譽獎牌」一面，我也列名其中，退休前夕之插曲也。

一九八四年三月九日至十一日，國立成功大學之前身——台南高等工業學校第一期畢業生，畢業五十週年慶祝大會時，除國內校友外，日本校友也組團來台會合，在台北奧林匹克大飯店、台北環亞世界上海灘餐廳、嘉義遠東機械廠、台南大飯店等地，數次大會餐並拜訪母校，再度坐在昔日聽課的椅子上，重溫舊夢，熱情洋溢，盡興而散。

同年三月十八日，又逢南港國民小學之前身——南港公學校，創立七十週年慶祝大會。山本為簾校友也特地遠從東京飛來參加，校內展出民俗遺物古具，很富親切感。

凡是走過，必留痕跡。人一活到老了，往事堆積起來自然也可成山了，自己不去注意它，社會上早晚會有人去找出資料，加以整理的。

一九七八年，台灣中華書局出版《中華民國當代名人錄》，在第 1030 頁提到我的生平事略，當時我是台灣大學的教授。

一九八〇～八一年，美國 Marquis Who's Who , lnc. 出版了 *"Marquis Who's who in the world"*，在第 581 頁也刊載我的生平事蹟。

一九八四年，台北市南港國民小學建校七十週年編輯委員會出版《南港國民小學建校七十年專輯》，在第 25、26 頁刊有我的早年相片，又在第 78 頁刊出我的大略事蹟。

一九八五年，台北市南港區各界爲慶祝台灣光復四十週年紀念，由台北市南港誌編輯委員會編印《南港誌》，在其第 119、120 頁也登載出我的生平事略。

同年，美國 The American Biographical Institute,lnc. 出版 *"International Book of Honor"*，在第 393 頁也介紹了我的事略。

當年同學的情誼，生活的點點滴滴，都似雪泥鴻爪，轉眼都已成過眼雲烟了。但在我們生命中，卻如影隨形，如夢似幻，伴隨著我們學習、漂泊、成長，成爲生命中不可或缺的力量。多年後能再重相聚首，是善緣，是甜蜜，其樂自是無窮了。而其生平事蹟，能對社會有益，那怕只是一鱗半爪，也都是很有意義的事了。

一九八七年十二月九日，野副鐵男教授夫妻以八七高齡來台，並宣言設立獎學基金，值得興奮。只是美國方面所云再提「諾貝爾獎」之議，不知能否順利進行？

一九八八年十一月十五日，台灣大學創校六十年紀念，會餐中山樓。

一九九一年十一月十一日，成功大學建校六十週年紀念特刊出版。我以老校友的身份發表：〈人文自然相輔發展，共迎太平洋時代〉一文，略言五十多年前，母校新上任之佐久間校長宣佈：以「秀才教育」(腦筋優秀人才)爲治校方針。我曾爲文登載於校友會誌《龍舌蘭》，提醒「人品教育」較「秀才教育」爲重要，因人品惡劣之優秀人才，可能傷害甚於非優秀人才。

半世紀之後，我慶幸母校在人文、自然雙方面之發展，並望校友以人類和平、公義之心，迎接即將來臨的太平洋時代。

㈣衰退年代——老態開始

十幾年前，讀淺井一彥博士之《錯與我》、《錯之禮讚》等著作時，在文中之小題目看到「生命之終點」的文字。當時七十出頭的他，已感覺到生命之終點而坦然談之。數年後，我企圖與他連絡（通信）時，他的同事函知我，他已過世了。此次我把自己的歷史分段敍述時，「老年回憶」之後，接著就是「衰退年代」了。

儘管我頭髮黑，牙齒健，外表看不出老，幾年來頻尿、重聽、高血壓等現象，使我出門辦事時感覺很多不便。尤其出國時，明知廁所不遠的地方才敢去，不然必須冒尿失禁的危險，一九八四年在洛山磯博新處時就是如此。購物、問路、開會、辦事時，人家告訴我的事聽了一半，微小聲音的部分脫落，加上子音識別不靈，人家告訴我「往東去」，我聽成「敢通信」，不單無法達意更會誤事。每想到老友林耀庚老來糊塗、出門回不了家，累及家人廿四小時監護之苦，自己還算是不錯，然而不能不自認老了。心臟缺氧之發作，退休之後幾乎沒有再發生了，然而，每逢久坐寫文，必有類似即將發作之預感，不過自己可以自然調節，適時休息補眠而避免眞正發作，久病成良醫，自找安全之路而走一步算一步了，這可說是老人生活的基本方針吧。

一九八五年，牙痛求醫之後到現在，只拔掉右下角齒及左上臼齒各一顆，其餘牙齒都健在，也未曾裝過一顆假牙，可說是幸運及遺傳性的優點。因先母七五高齡也只拔掉兩顆臼齒，其餘皆健在；而我外祖母在八十多歲時，還會啃甘蔗，啃得津津有味呢！

一九八五年三月，基隆路一段三四四號八樓學新名下的房子，一向是租給建設公司做辦公室用的。這一次收回並打通一門，連上三四二號哲新名下的房子，連通之後，全家居住很舒服，父母、子孫、兄弟相互照顧皆如意。

十一月十七日，有一親戚來玩，全家要和他一起吃飯，哲新妻愛惠開車，客人坐前座，妻與我坐後座，車到飯館前，客人先下車而後用力關上前門。此時，我正準備下車，左手抵住前門柱，「咔嚓」一聲左手中指被挾在關好的門和柱之間拔不出來。等到開門一看，中指骨已斷，肉也斷，只留一公釐皮沒斷連著。急往附近中山醫院打入鐵釘使指尖與指身相連，接骨縫皮，疼一夜不能睡，之後，足足治療四個月才免再上藥，其間拔釘、放線之外，再手術移植皮膚(由腕皮切一小塊移植指甲床)等等，意外之災，還意外地麻煩，差一點就被年輕醫師切掉已斷了的一小節手指呢！

(五)健身操練

1. 功夫退縮

自從一九三一年、我二十歲起，就買了空手道的書一富名腰義珍著的：《唐手術》，自己獨自學習，鍛鍊手腳，雖未成爲一個武術家，卻也學會了幾套拳，而後一生斷斷、續續地溫習，使手腳靈活。青年期雖也學習游泳、足球(Soccer)，還是空手拳比較能持久，一直到現在仍有興趣。拳打稻草卷、砂包，手插米桶或插豆箱等玩藝也做過，但因未得師傅指點傳授，自鍊亦無法判斷是否得法。

一九六四年三月，在台大運動場，經馬廷英教授(台大地質學系)及張研田教授(台大農業經濟學系)等介紹，與郭連蔭先生學習楊家太極拳一套，算是第一次在師傅教導下學習拳術，頗覺有收穫。然而我已年逾知命，不再年輕，不能苦練，只作保健運動之用，唯能持之以恆，不「中斷而放棄」。

一九六六年十二月，當我每天在師大圖書館邊演練太極拳時，有一約八十歲的金安拳師(在圓山教過林龍標兄的太極拳)走過來和我說，可否互相交換教拳？我同意了，經幾個星期的交換教習，我會打他的那一套楊家太極拳，他也會打我的這一套拳了。興趣加濃、加廣了。

到了一九八五年三月，我買了一本松田隆智著《陳家太極拳入門》，再行獨自學習，發現自己的年齡已不能將此拳完全學好，只得將不能學好的一、二處簡易化，始可打完整套了。歲月雖不饒人，人總還可以作充分的努力，將會做好的部分依舊學習完成，在省略易化小部分的情況下，繼續鍛鍊身體，自覺身體有力，進退如意。當我七十五、六歲時(一九八六～八七年)還不滿足現狀，買入雙節棍圖說，初級棍術等書，喜得良術，每日獨自學習，無師自練，興趣濃厚，然而身手已不如從前。

一九八八年以後，時而感覺練武後，膝關節殊感疲勞，甚至痛抽難眠。一葉知秋，膝關節非病，而是老年必然的退化減弱，並非鍛鍊或吃藥而可增強的。至此，只可視體力許可之範圍，自行調節運動量，使其適應現在之體力、耐力。

老來身體的狀況，每日不同，前夜之睡眠好壞，血壓、心臟之各時刻轉變，糖尿飲食的情形，吃藥的狀況，坐立有否過久或分配合不合理，老人病痛的程度及消長，皆會影響練武的容量。尤其是住院作體檢時，吃下種種藥品或一注入造影劑時，的確直接影響站、蹲行拳之能力。

人一老吃藥是必然的，也就是說每天都需調節運動量，以求不超越合適極限，也不能缺少運動、甚至都不運動。

2. 運動項目

我的興趣廣泛，生活多采多姿，除了教學研究的專業外，我很努力運動，練就各項功夫，用以強身。我的運動項目或者多些，現略述如下：

(1)準備運動。

(a) 合腳站立、圓搖腰。順時鐘轉三十回，逆時鐘轉三十回。(兩腳緊靠，左、右腳尖開 45°)

(b) 開踵站立、圓搖腰。順時鐘轉三十回，逆時鐘轉三十回。(兩腳距離一尺半、雙腳在同一橫線上)

(c) 合腳立穩彎腰雙手碰地，而後伸腰直立。十次。

(d) 左、右雙腳開跨(約三尺距離)，伸左腳、屈右腳，然後直立，而後伸右腳、屈左腳，各三次。

(e) 直站於高三尺半的台前約二尺半處，直立右腳，並將左腳放在台上伸直左膝，彎腰將右手放在左腳尖上。約卅秒後換腳，直立左腳，將右腳放在台上伸直右膝，彎腰將左手放在右腳尖上卅秒。各做二次。

(f) 雙腳開一尺八寸，雙手插腰，將頭彎下再仰上，上下各做到極限。連作三十次上下。

(g) 維持開腳直立，雙手插腰，將頭慢慢轉右到右下巴碰到右肩止，然後慢慢轉左，至左下巴碰到左肩止。連續作三十往復。

(h) 腳手與 (g) 同，不轉動，正視前面，左傾首級至左耳碰左肩，然後回復原位，右傾首級至右耳碰右肩止，如此作三十往復。

(i) 腳手與 (g) 同，將頭先向下傾(俯)→ 右前 → 右後 → 左後 → 左前 → 前下 → 前右轉動作，逆時鐘圓運動卅回轉，然後改順時鐘轉動卅回轉，每一回轉盡量作大角度運動。

(j) 立法與 (g) 同，雙手五指互套抱合，維持抱合雙手，由下向上揮至頭後，又由頭放到股間，仍抱合，如此上、下作五十次。

(k) 左腳前、右腳後，距離兩尺，雙膝微屈，雙手放直，左手前右手後，同時作以肩為中心的沿直圓運動，由前而上，而後，而下，而前，雙手互成約一百八十度角度(略成一直線)，揮動三十次沿直圓運動為止。然後改右腳前左腳後，再揮動雙手如前，作三十次沿直圓運動。

(l) 雙腳靠立，半屈雙膝，雙手放在膝上(彎腰)，然後微屈雙膝而將雙膝轉左。彎屈雙膝更深同時雙膝轉前，改雙膝為微屈同時雙膝轉右。再伸直雙膝，此時雙膝後退到立足線，如此成一次順時鐘回轉運動，連作十次後改作逆時鐘回轉運動又十次。

(m) 一九九〇年十月，因右肩疼，不靈活，加練開足立地，雙手高舉上頭頂，肘伸直(不可傾前)，雙肘密碰左、右鬢。

(2)郭連蔭楊家太極拳(六十四式，一九六四年學的。)

(3)金安楊家太極拳(一百二十二式，一九六六年學的。)

(4)陳家太極拳(七十六式，一九八五年學的。)

(5)初步棍術(七十六式，一九八七年學的。)

(6)雙節棍(三十四式，一九八六年學的。)

還有空手道等。

每日將此種節目全部做，是太多了，且有損身體，所以適當輪流做演練，準備運動是每日必修，其餘抽演一部份。然而，越老越感關節(膝)不能負擔太多的運動量，近來，連準備運動都難以維持，眞是退縮了。

從一九八九年元月開始，我又自行習練紫宣棍。然而已發現無法做好跳屈、叉步、旋空等動作。諸如初級棍術之翻身、馬步、掄劈棍，紫宣棍之騰空挑棍、僕步劈棍、叉步掃棍等等已是望棍興嘆，只求適合於自己的現狀而為，不得不縮水，時不我與也。雖然如此，到四月十四日我已諳記第一段之架式全部，七月中已學會第二段，再到十月卅一日，終於全部四段都學完了。十一月三日開刀接治右 achilles 腱而不能運動，延至一九九〇年十月底又恢復演練。

一九九〇年十一月，右腳恢復原狀後，加練甲組棍術，此爲台南市王家出版社出版的《槍術、棍術、九節鞭》一書中所述之棍術。但不全練，只找出與紫宣棍不同處，擇段演練而已。將由此書習得之動作與以前所習者作比較及融合，頗覺滿意，益感先人之苦心及研究，實有無限之良好果實，而一人終生之研練，只得其一部份而已。

3. 錄影存念

一九八九年元月，右眼開刀取片檢查前一年間，可說是我有生以來健康低潮的時期。右眼生肉瘤、糖尿急發、攝護腺肥大、雙腿無法跳跑，更談不到滿意地演練諸拳了。一九八九年元月以後的半年間，又因右眼手術後繼續治療，長期掛鋁板眼帶及上藥，行動也不十分方便。然而六月以後殊感體力恢復，似乎有顯著之進步，雙膝已不痛而能充分地彎曲蹲下，是多年來求之不得的啊。當然，這應歸功於 Predonin，同時要忍受將來可能發生之各項副作用，諸如消化系統之潰瘍再發、骨質之鬆弱化、糖尿之急速惡化等等嚴重後果。然而，七月初以後，每早天未明之前，在屋頂可作相當量之運動而不覺痛苦，的確是體力進步，自覺滿意。預備運動全做，練雙節棍，又練初級棍術及紫宣棍前兩段，加上一套太極拳及短拳，空手道。有時還用淺綠色重鐵棍代替較輕的銀色棍，略感疲憊後，午睡稍息，熱浴一洗，完全恢復，這不是很理想的狀況嗎？

回顧過去演練記錄，發現好幾套空手拳忘掉了，食鶴拳(一九七六年學的)、太祖拳(一九六七年、一九七四年學的)也部分記不淸了。似有重新溫習一次之必要。如眞地要複習，雖比初習時快些，亦必費相當的時間及忍耐力，才能做好的。

現在仍記得淸楚的幾套拳，不以錄影帶記錄起來，恐怕過幾年後會忘得精光，沒有一套能打完全的。於是，一九八九年八月廿七日終於錄影了，九月二日再 copy 三卷完成。一九九二年四月十六日再錄影一次，並將 copy 分送兒、女，作爲紀念。

一九九九年八月初開始，將多年練習之空手術、鶴拳、太祖拳、楊家太極拳兩套、陳家老式太極拳、初級棍術、紫宣棍、甲組棍法、雙節棍法等，選出三百招式，時我年已八十有八，能練之日恐不多了，請妻爲我照像，我自演自編，編成「八八操演集錦」一册。

其後，義女頗感興趣，借去底片，並沖洗千餘張，終成數册，分送子女及義女。

另外，又將各套拳中之奇招取出，編成《奇招專輯》一書，圖文並茂，多百餘頁。影印十餘本，分送親人、子女。

二〇〇二年二月底，我又完成〈雙節棍自習備忘錄〉，約五十頁，自爲模特兒，請內人將行動招式攝入鏡頭。

㈥疾病纏身

1. 突來數疾

一九八八年元月底，有一天早晨洗臉時，突然發現自己右眼好像比左眼腫了些，然而，既不疼痛，視力也沒差，並不緊張，但繼續觀察。

到了二月八日，的確証實了右眼腫大是持續性、而非臨時性後，就到公教人員疾病保險門診求醫，告以已觀察十多日皆如此，應否懷疑肉瘤、癌等惡性病因。然而，來自宏恩醫院之甲醫師不以爲然，輕忽斷定說點點眼藥就可以了。如此治療一個多月，沒有效果。因此改換來自仁愛醫院的乙醫師，告訴他經過並請其作進一步的檢查，以明是否是腫瘤(Tumor)類。乙醫師很快答應並辦轉診仁愛醫院，做超音波(Echography)檢查及電腦X-線斷層掃描(CT scaning)檢驗，証實未明性質之瘤，似非惡性，因其未侵犯骨部而只留在眼球後、眼窩骨之間。此時，右眼激烈膨脹且急性發紅、痛苦，因想非惡性而如此激烈快速發展的瘤，必是醫師隱秘不宣的惡瘤，所以馬上找台大醫院眼科侯平康教授，請其治療。據侯教授云，就算是惡性腫瘤也不會如此的快，應是急性結膜炎加上肉瘤雙料病狀，所以應先治結膜炎，然後治瘤。

侯教授及仁愛醫院共同協力，以Prednisolone(類固醇)治療我右眼時，確實有過效果，然而同時也引起數項麻煩：一、爲喉部奇乾而出血；二、爲肛門奇乾而痔瘡同時長出四大粒，大便不通；三、爲每夜不能入睡，十多天後體力不支，精神恍忽；四、爲口渴尿頻，體重減八公斤；五、爲尿流本來不太順利，變成排尿困難，夜半膀胱痙攣，痛苦不堪；六、爲雙腿筋肉明顯地減小，不能跳動。

五月，我住進台大醫院作身體總檢查後，得知數病纏身：

1. 高血壓症尙稱控制良好，動脈硬化方面暫可放心。
2. 糖尿急速發展，但以 Daonil 尙可控制，並務必控制。
3. 攝護腺肥大如鵝卵，且有慢性膀胱炎，需手術治療。
4. 右眼似爲肉瘤(pseudo Tumor)，因其在眼球後無法取其切片，良、惡未斷，但似非惡性，然而未能証實確非惡性。
5. 早年十二指腸潰瘍，已控制良好。

至此，自當承認我已老了，一身數病且非簡單者，確已進入衰退期了。爲了康復先解決攝護腺，六月十七日，再住台大醫院泌尿科，手術肥大之攝護腺。七月，出院後尙吃藥追踪，始治好攝護腺的毛病。八月一日以後，完全停用 Prednisolone，因已領悟其藥效及副作用之痛苦。然而右眼肉瘤、糖尿、高血壓仍在，特別是右眼，難卜其未來之演變。

2. 奇蹟出現

我與妻從小到老皆以眼力優越爲得意，諸如坐公車往來台灣大學時，公車在新公園正門博物館前轉彎，我可以看淸台北火車站正面的鐘所顯示的時間(當時火車站位置正面，直對博物館正門，一九八八年改建時稍有移動，因此現已不同以前，然而距離則一樣也)。

沒想到，一九八八年，我右眼卻發生毛病了。治療數月，到八月，不得不停服 Prednisolone，我一直在想是否爲不簡單的腫瘤。

不過，我也認爲人生活到長壽必須代價，腫瘤「性」之良、惡，並非人力所能控制。如果是良性的，自有相當時間可以圖謀應付，甚至治癒。如果是惡性的，則不出數月而結束生命，人力又能做何等改變呢？

八月底，我攜妻飛往日本，尋求 Ge-132 治瘤無效後，九月回台，至一九八九年元月之間，右眼未作投藥，時腫時退，終於肉腫由眼球後包至前面白球來了，以前深藏後部的肉腫算已伸延到摸得到的前面來了。於是，在侯平康教授同意下，於元月十七日三度住入台大醫院眼科，十八日開刀取樣，檢証良性、惡性的區別。廿一日確知爲非惡性後，以 100mg/day 分量，連日集中點滴血管中 Methyl-prednisolone，實因除此 steroid 劑外，已無其他藥品可用。十天每日點滴五〇〇 c.c. 藥液，並逐漸減量至每天用量 40mg 時，改作口服用而退院回家，每日繼續自行吃藥，點右眼藥，換新右眼鋁片眼帶等，等待開刀傷口復元及壓制腫瘤。今後如何演變，也只好走一步算一步了。

人生幾何，如此一生，在此亂世時期能夠存活已是僥倖，又有何求？打開相簿，當年愛國熱血志士合照，唯有我獨存。如今世事轉變之快，又有誰能預測明日之情形。科技發展之背面，就是地球的污染、生態之破壞。空氣、河流、土壤、地下水、海水、成層圈等之污染，如帶動冰山之熔化又將成何種世界？人類之食糧及健康又將如何保持？一眼沉痾，應是不值一顧之小事，不是麼？

右眼經 Methyl-prednisolone 連日點滴血管後，算是有改善了。左、右眼神不一致之現象，雖未痊癒卻減少許多，看東西不會再頭暈了。眼球之凸出也減退了。只是今後如何就難說了。人力無法控制者叫天命，既是命也，回家改口服 predonin，每天 30mg，且看情形，再逐漸減量中。

經半年以上之觀察，知 prednisolone 無法完全控制右眼肉瘤後，一度決心開刀清除肉瘤，正好侄孫劉寬鎔醫師由美國帶回之 Cyclosporin A，用在網膜病發揮良好效果。因此，侯平康教授建議試一試，暫緩開刀清除之議。劉寬鎔醫師免費供給該藥多次。開始時有若干消腫效果，然而經過十五次直接打藥入肉瘤後，確知效力不彰。一九九〇年二月六日至十七日之間，改用 Co^{60} 照射治療，前後十次，每次照射兩分鐘，竟見奇蹟，右眼腫瘤消退至幾乎看不出毛病。過去用盡方法無法控制之頑症，如此消失腫瘤，恢復視力及眼球轉動之能力，實可視爲奇蹟也。高興之餘，帶內人到附近之照相館，照兩張相片作爲紀念。想當右眼突出時，複視厲害到頭暈站不穩，人頭物品雙重出現於視野，且同一物像存在於兩個地點，兩地點間之距離，又有水平距離、如上下距離之別，依視線方向不同而有不同間隔距離，如此複視使人發生不確實感，而且引起噁心想吐！如今此毛病逐漸減輕，自覺得救了，當然非常高興了！

今後會不會復發，誰也不知道，正如沒人知道此病發生的原因一樣，是一個謎！

3. 斷腳奇禍

一九八九年十月卅一日，當我在台大醫院眼科住院，試行以 Cyclosporin A 打針治療右眼時，因一星期只打兩次針，而其餘時間皆在作愼重觀察此「未上市而在研究階段之新藥」的副作用時，手足十分健朗，所以一早天未明就出去該醫院後庭作早操，打了三套不同的太極拳之後，意猶未足，再作一次跳高運動。此時用全身力量蹲下後往上跳，不料，一瞬間感覺小腿振動而「啪！啪！」作響，有如小孩用分叉樹枝纏上橡皮帶，用以彈出小石頭打鳥時，石頭彈出後，橡皮帶震動而發出的聲音似的，並且此強烈震動竟經龍骨傳達到後腦部引起腦震盪，一屁股頓挫在地面。驚慌之餘，雙手壓住地面，試行站立起來，只覺頭暈眼花，連平坦之地面，也看成凹凸彎曲之曲面，且雙腳無力，不能支持站立之姿勢，不得不再度跌坐地面。至此，始知腿腱已斷裂(achilles tendon)，奇禍臨頭，眼疾未能痊，又加上腳腱斷損，雙腿無法站立。經 X- 線檢驗右腿腱全斷，左腿腱只斷部份，然而不能站立走動，卻是左、右雙腳都一樣的。

以個人的力量而不借機器或牛馬之力量來跳高，竟發生斷腱之奇禍，不得不懷疑筋腱變質、脆化易損，筋骨之變質又不得不連想到 steroid 劑 prednisolone 之長期服用，好可怕的因果關係。

十一月三日開刀接腱後，以石膏固定大腿以下的全右腿(腳指不包括在內)，小腿後下部開的一石膏窗口作換藥之用，苦忍四十天極度不方便之後，改用較短之石膏(從腳指根起至膝上一寸處)再度固定膝下，再忍十六天。至於左腿，則靜待其自然治癒。

十二月廿八日始將石膏完全除掉，用雙枴杖走動，且每天以溫水敷右足，及至一九九〇年元月十九日始改爲單枴杖走動，雖日日有小進步，復元之慢，眞急死我也。

大約經過一年的時間之後，到十月底，左、右腳之無力以及多種小動作之障礙始見消失，後來慢慢回復原來的樣子。雙腳可以蹲下，打拳行步幾乎與以前一樣了，只是不敢跳，不敢深蹲，因怕筋骨易斷，再受傷也。

一九八八年是我有生以來生活力低調的時期，沒有想到一九八九年十一月至一九九〇年一月，這一段時間更低調。石膏腿，右腳腱修接未完成，坐、立、睡、動皆不自由，加上右眼之頑腫抗藥，時有狹心症之可能。幾經折騰之後，最後總算奇蹟出現，走出陰霾，迎向陽光了！

(七)日本之旅

1. 蓬萊求仙

對周期表第四族元素造成有機化合物之關心，使我由有機化學進軍到有機矽化合物而創造三百餘種前人未曾認知的新化合物群。回首已是老翁一個，雖對有機鍺、有機錫、有機鉛等化合物感到無限的興趣及期望，實已無力再瘦馬加鞭、大幹一番。然而有關此方面之消息仍然盡量搜集，因此知道日人淺井一彥博士由煤灰中抽出鍺，而將鍺改作有機鍺(Ge-132)，是帶有兩個酸基(Carboxyl Group)的。此物據云有抗瘤、抗癌之作用，有如百年來法國有名的 Lourdes 靈泉之妙用。

當一九八八年七月二日，手術完了攝護腺肥大症(良性單純)時，知殘存右眼的肉瘤，該是一種難纏之頑固症，尤其領悟到

prednisolone 之鬆骨、傷消化系統、促進糖尿症等副作用時，自然而然地想到淺井博士之 Ge-132，是否那麼毫無副作用地治療腫瘤諸症。曾經通信連絡，始知淺井博士已故數載，然而他設立的「Germanium 研究所」及「Germanium Clinic」當繼續供給此物治療難症。於是決定攜妻飛來東京，八月二十二日上午、下午，分別尋訪此兩所，心想小時老人講故事的打油詩：「王子去求仙，丹誠入九天，山中方七日，世上已千年。」

東京市世田谷區成城六－四－一三的 Germanium Clinic 是找到了。牧內茂醫師也找到了。所開藥方帶回吃廿天之後，未見顯著之效果，且發現血壓高昇而耳鳴厲害，頭疼而全身無力，且血壓高昇是持續性、多天居高不下。仙是找到了，然而此仙不比那仙，似不大靈驗。不得已停吃此藥，另行換藥調整血壓，使其回復正常，始免憂慮心臟的毛病，因心病比眼病更致命也。

另一方面狛江市的「Germanium 研究所」也造訪過，其所言比較客觀而較少宣傳性，自估鍺之治癒率，目前只有三五%，而目前對 Germatran 正在下功夫。

求仙之行，本無充分確信。第一對手非神仙，與我同是科學家之一而已。因其所發現事實爲我容易了解者，且有若干相近之知識分野，並有國立大學醫學部動物試驗之根據，只是臨床人體試驗數據，未足以使人全面相信爲其缺點，尙待努力。因此我仍樂意作此嚐試，並望能找到更有效的此類化合物，來解決人類跟腫瘤搏鬪的痛苦，更希望有後人參與此種工作。

2. 遊覽名勝

此次日本之旅，求仙之外，兼及觀光。八月廿一日，我們坐華航飛往東京羽田空港，黃老生夫婦親自接至其澁谷區廣尾寓所。以此作爲根據地，廿二日分訪「Germanium Clinic」及「Germanium 研究所」，安排北海道旅遊後，乃在報紙上面之旅行團廣告中，找出想去的，以電話連絡繳費參加，亦可在地圖上自行計劃，自行買票作夫妻旅行，以渡退休後之閑靜時間。先是自行作片瀨、江島、鎌倉、逗子之旅。

八月廿六日，出遊之晨尙稱晴朗，自新宿坐小田急遠走片瀨、江島時，尙可坐在觀海陽台吃午飯，然而天公不作美，一陣急雨，把這頓午飯弄糟了，急速移位微暗店內吃完西餐後，大、小陰雨挾著風連綿來襲，打得像颱風過境，富士之遠景就這樣泡湯了。

戀の　片瀬の　浜千鳥　泣けば　未練の増すものを
今宵嘆の　　桟橋の月に崩れる　　我が影よ

因天氣驟變，未能充分欣賞風光，只趁雨間略遊離島江島，轉乘「江之電」進出鎌倉，沿途領悟源、平氏爭權舊蹟，沈海之十二人大學生等痛心悲劇歷史事實。鎌倉幕府之往日情景，可想像而不得見，一陣陣大雨，加上電話連絡未能找到旅館，使我放棄留在鎌倉，乘公共汽車轉往逗子。這又是一歷史小說中有名的舞台，然而仍然現代化了，旅館難找，只得住入一家古色蒼然、門口吊四隻山豬作招牌的「新道亭」。據山本爲簾說，此家昔日以山豬肉名菜而揚名一時的，然而現在已無此風光了。我們住進去時，竟給一間六疊小房而緣側只有一隻椅子，連兩人相對而坐的設備都不足，只有外面庭園，尙可略賞綠草人工之美。

廿七日，由逗子坐火車到橫濱，再轉品川，坐上山手線，回澁谷已天黑。逗子山上展望台也因陰雨而無法看富士、伊豆半島、相模灘等美景。澁谷站一到天黑，食堂之類全都關門，又帶著行李，不願過大馬路找食堂，害得空肚子坐公車到廣尾壽司屋，才解決了民生問題。

3. 二訪北海道

北海道之行高明多了。八月廿八日，集合羽田空港，Monorail 運輸線太方便了。坐日航飛往千歲機場，改坐包車往登別住 Grand Hotel。

廿九日遊阿寒湖國立公園，轉摩周湖、硫磺山、Utoro、原生花園、鄂霍次克(Okhotsk)海。其間廿九日夜住阿寒湖 View Hotel，卅日夜住網走 View Park Hotel，原住民族舞蹈及牢騷都領悟過，他們酋長當衆說：「你們日人侵略我們蝦夷之地，……」。

北海道東北端知床地方之山海景觀雖好，寒冷氣候限制了半年生產、半年不毛，因而人口也無法大量增加爲憾。北海道的山沒有台灣的那麼高，廣大平地已相當程度地西洋化了，然而寒冷的宿命永遠存在。

一九四〇年，初遊北海道大學，至今再訪此地已有近半世紀(四十八年)之隔，殊感人在世間，長命最要緊，如無長命，一切事物瞬間即過，就永無再相逢的機緣了。

八月卅一日，經北見站、旭川、瀧川等地，住札幌，遍跑北海道全域，在網走湖住 View Park Hotel，內「流水劇場」看九州太鼓之演出，又一感觸南、北兩地之差異，好像互有引力作用。一般而言，盛夏八月遊室外 16°C的北海道，是眞不錯。所下蹋之旅館乃「Sapporo Green Hotel」也。

九月一日，與妻二人往訪北海道大學、札幌站、札幌市役所十九樓，展望全市並在其咖啡店用餐，下午五時，從千歲起飛，六時半到達羽田，坐單軌回新橋，改坐山手線經澁谷回廣尾。

九月二日，黃氏請六本木高級酒店，三日又請天婦羅，四日我們回請「天春」的天丼而結束求仙之旅。九月四日，下午五時半飛抵桃園機場，學新父子來接回家。

(八)紀念師友

1. 紀念恩師

我們傳統的觀念看老師，爲僅次於父母的親密關係。我一生遇到的師長，絕大多數都是好老師，只有一位是民族觀偏差的日本人教授。那位教授曾經問我：「你可不會想回支那去吧？」

可是，也有一位日本人教授問我：「要不要我的女兒？她現在在念東京音樂學校。」

林茂生博士是本地人，心理上比較親近。一九九四年，原臺南高等工業學校校友四十七人，集資新臺幣一百餘萬元，爲恩師故林茂生博士塑造銅像，並以一百萬元支票獻給成功大學，以便安置於母校圖書館，並充實圖書設備。

六月廿四日爲紀念銅像揭幕典禮的日子，諸校友推我代表致辭如下：

「馬校長、連院長、林宗義教授、王振華教授、各位先生、女士：大家好！今天，我很榮幸，能在恩師故林茂生博士銅像揭幕典禮中，代表校友致詞。

六十三年前，我在臺南高等工業學校受教於林恩師德文課程；又六十年前，我在此禮堂完工後，第一次畢業典禮時，領取過畢業證書。因此，我今天有一種很特別的親密感和熱情感。

林恩師當時是教授兼圖書館長、又兼足球部長，領導學生課外活動，而我是踢足球的學生之一，因此接觸之機會比較多。我結婚時，請他作証婚人。二次大戰後，他轉教臺大時，主持文學院，我雖在理學院，但常去問候他。

我們在臺南高等工業學校，受他教導的學生當中四十七位，爲了紀念恩師的事蹟，集資一百餘萬元臺幣，爲老師塑造銅像乙座，並將此像及現款一百萬元獻贈母校，以作購置有關臺灣土地、文化、歷史、資源、「二二八」事件等圖書之用，來表示懷念恩師、回饋母校之微志。多謝馬哲儒校長及校方欣然接受和笑納，也多謝王振華教授、林宗義教授及校方多位委員，多方協助幫忙，才有今天的成果。

我只因是第一屆畢業生而被推爲代表致詞，其實此次募款塑像工作的大功臣是：廖惠樸、馬學坤、林長城三位校友。尤其是馬學坤校友，出力出工最多，廖校友已經移民加拿大，馬、林兩位校友又剛出國在外，不得已由我代行而已。

我今天所代表的校友當中，除兩位是六十多歲外，其餘都是七十歲以上，最老的八十八歲，是一批七老八、九十的老人。是一批親身體驗過殖民政策傷害痛苦的人，因此更覺得本土出身的老師特別可親、可敬、可認同。本來應該早年就作此工作，只因林恩師於「二二八」事件時，莫名其妙地被殺害，跟著後面是白色恐怖長達約四十年之戒嚴。人人自危，沒人敢提此事，使我們遲到半世紀後的今天，以僥倖尚在人世的老人，才得此機會完成心願。我們很高興，也很滿意能有今天的表現。

此舉如能作往後成功大學的學弟、學妹們的有用參考資料，將更有意義。」

在沈冤了五十年之後，「臺灣才子」林茂生博士的銅像終於塑立起來了，他將永遠活在臺灣人民的心中！

而使我受惠最多的老師應該是野副鐵男教授。他在臺北帝大時期領導我研究，獲得博士學位。不單如此，在長達七年期間，他安排我繼續研究的環境，先以“花王公司”研究員的身份，領得與日人助教待遇相近的薪金，後來又以“臺灣花王”技師補的身份，領得相當於大學講師的薪金繼續研究。當我被日本憲兵捉去一百三十天受難時，他沒有停止我的薪金。我出獄後，他只以行動示範他對日本國家之忠誠，並未批評或追究我的「民族復興」的觀念。每人生下來就被畫定族類區分，他是日人，當然愛日本國。我是漢人，當然希望民族復興。以當時日本政策，實無法同化在臺漢人完全變成日本民族。在如此社會環境裏，他的處理法可說是合理、合情，並富有善意的了。他學術上的貢獻，也被國際間肯定，而曾經入圍諾貝爾獎。

戰後，他仍時常往來臺、日之間，指導卓酮類(Troponoid)化學研究。於一九九六年以九四高齡辭世時，我代表臺北帝大門生獻詞敬弔。

2. 懷念潘貫

一九九八年十一月十四日，臺大創校七十週年紀念時，化學系辦「歡迎系友回娘家之會」，請我講話，我以漫談方式談臺大之今昔，談化學系七十年變遷之回顧。我特別提到我看過美國耶魯大學化學系館是畢業生 Sterling 出錢蓋的，叫做 Sterling Chemistry Laboratory。我們臺大化學系畢業生有成就的也不少，希望系友發揮向心力，多方面贊助及督促母系之發展，發揚母系之傳統研究精神，發揮苦幹、求新、求眞的精神，以開拓我們的將來。

一九九九年五月一日，臺大化學系舉辦故潘貫教授逝世廿五週年紀念會。他的兒子潘永興要我在紀念會上作一回顧演講，我義不容辭，講題是：「回顧故潘貫教授」，對他的生平事蹟做了介紹。

潘貫字凌雲，臺南市人，一九○七年生。「出身書香，父爲名諸生，不願其受日本教育，故遲至十三歲始入國民學校。自小學、中學、高等學校，遞進當時之臺北帝國大學理農學部化學科，……畢業後在原校大學院研究四年。」❶

❶劉紹唐主編：《民國人物小傳》(第五册)，頁 407，台北：傳記文學出版社，1982 年 7 月初版。

我和潘先生最初見面是一九三五年。那一年，我考入臺大化學科時，潘先生是大學院第三年的研究生。日本的大學將研究院叫做大學院，當時在人口六百萬的臺灣，只有一所大學的情況下，能夠上大學唸書已經是很稀罕的了，潘先生進入大學院作研究是最頂尖的事。臺灣人子弟上大學，念醫學、念法律的較多，念工學、念農學的較少，念純化學的就史無前例了。

一九二八年，印度科學家 C. D. Raman 發現了一定波長的單色光照到純粹分子時會發生 Scattering，並放出另一波長不同的新光線，原來的照射光和新生光，其波長有 Shift，此 Shift 又與分子的 Rotation 及 Vibration 有關係，把此現象叫做 Raman Effect，而 Raman 因此於一九三〇年獲得諾貝爾物理學獎。當時是大學生的潘先生對此事甚感興趣，於一九三三年進大學院，從事多種有機化合物的 Raman Effect 測驗，並得了不錯的結果。人類對 Infra-Red 光還沒有太多了解的當時，Raman Effect 是相當新鮮的事情。他認爲諾貝爾獎這次由東方的印度人獲得，更証實學問無國境，學子應該努力求眞，爲人類開拓新知識。

依當時的時空來看，潘先生應該會是臺灣人第一個理學博士才對。可惜他的指導教授松野吉松博士身體欠安，病情惡化後辭職回去日本。因此，潘先生的博士論文審查被耽誤了一段時間，後來才由日本東北帝大授予理學博士學位。

潘先生研究生時代，是住在臺大正門前靠近水源地的地方，有一家以「帝大 Hotel」爲名的公寓。當時，臺北市的馬路都是舖柏油的，然而臺大算是郊外，馬路沒有柏油，下雨時往新店的車輛把馬路變成泥田，從「帝大Hotel」走到臺大研究室，雖只有幾百公尺，走起來皮鞋的鞋底、鞋面都會沾上泥漿，一到大門口就需要用刷子擦洗乾淨鞋底、鞋面，才能放心進入大樓的。

潘先生生於守舊的家庭，他是很孝順的人，也是漢學根底不錯的儒者。他先尊過世時，他出版一冊詩集紀念他的父親。他母親在世時，深愛臺南府城，不想離開臺南；他爲了科學研究，又不得不離開臺南，而住在臺北。因此，他結婚後只好把夫人留在臺南照顧年邁的母親。自己來臺北繼續單身生活，如此數年，以現代人的眼光來看，是不可思議的。

潘先生的研究室在二號館(今物理系館)二樓西半部，當時二號館有一日人工友住，此工友每天都送來一大壺熱茶(大約兩公升)，潘先生常常喝完一壺後，將空壺帶到樓下工友室，裝滿第二壺，取回飲用，可見他喜歡喝茶的一面。

潘先生除了喜歡喝茶，據說也愛吃花生，但他不喝酒、不抽烟、不打牌、不打golf球，也不愛吃魚。我也沒有聽說或看過潘先生做過戶外運動。也許可以說他是一個多愁寡歡的人，偶爾可以看到他心事重重地、一面想事情、一面走路，突然吐一聲嘆息，掉頭就走。

年輕時的潘先生和我一樣，都很天眞。因爲受到日本對殖民地的不平等待遇，都對「祖國」存有幻想，認爲只要中國能夠復興、強大，同族的臺灣人，將會受到完全平等的待遇。因此，我們克服萬難，自學北京話。無條件地對中國發生善意，也關心中國的事。

一九三六年，廣東中山大學農學院師生九人，訪問臺北，住進永樂旅社，潘先生、林耀堂先生和我，還有一個安徽來的留學生翟志達先生，都樂意去跟他們打交道，還拍照存念。

我們對中國的關心，不僅如此，西安事變發生，蔣介石被劫持，我們都很傷心，深怕中國再陷入另一個內戰，影響民族復興。幸好，張學良最後護送蔣氏回南京，大家才放心，我們一度還想放鞭炮慶祝呢！

日本侵略中國，上海、北京、南京、漢口等城市，一個一個失守，每逢日本人慶祝佔領這些城市時，不知多少次，我們背著日人偷偷地感傷落淚！

一九三九年前後，潘先生離開臺大回臺南。他在臺南高等工業學校大約待了六年。此期間，日本敗像已露，美機轟炸臺南，我不知道，潘先生是否疏開到鄉下去避難。戰後，我再南遊時，看到潘先生的故居沒有被炸中，鄰近一帶、臺南市郵局附近，都要被夷爲平地了。

一九四五年，日本投降後，國軍接受在臺日軍繳械時，我當通譯官，幫忙國軍，前後一個多月。工作結束後，國軍要我介紹一位可靠的人物，幫忙國軍在臺南方面的工作。我不知道潘先生那時身體已有毛病，而把他介紹給國軍，他也很樂意接受此託，連忙幾天，帶有關人員跑動完成任務。事後，他給我一信說：受託任務辦完了，只覺得身體極端疲勞，竟倒下去睡了幾天，還沒恢復，現正臥病調養中。此後，潘先生的病一天比一天嚴重。而長年戰爭引起的物質、食糧、醫藥缺乏的情況，並不因停戰就馬上會有所改變恢復的。加上日本人回去之後，臺灣所發生的人才青黃不接的情形，在科學界是相當嚴重的。潘先生在此時倒下去是很糟糕的事，對本土也是絕對不好的。於是同仁友好都勸他北上住臺大醫院極力救治，當時臺大內科日人桂教授是專研究結核病的治療法的，他回日本之後，其門生幾位臺灣人也很幫忙，然而結核病特效藥 Streptomycin, PAS 等還沒有辦法送到臺灣來的當時，就地取材，連化學系野副教授的 Hinokitiol 都用上了，並且得到不錯的治療效果，因此，潘先生得救了。

潘先生不單是一位作科學求眞的教育家，也是中華民族復興的夢想家。及至「二二八」事件發生，民族復興未實現，民族屠殺卻展開在眼前。他親身體驗到，狗去豬來，同民族對臺灣的惡政，尤甚於日本異民族後，他的傷心是可以想像的。於是只有專心研究及培養後代科學家，期望將來由他們來改善社會這麼一條路可走。

一九四七年，我初次赴美做超博士研究，六月四日，潘先生贈我以詩，「送盛烈同志赴美」，詩云：

「萬里雄心出國門　　凌波破浪浪無痕
摩天閣下清風裏　　請記中華志士魂」

其二：

「無邊科學任精研　　兩載離情感萬千
故國不堪回首望　　荊榛滿眼罩礦烟」

一九四八年，他雖仍住臺大醫院，但開始兼顧臺大化學系的課程了。一九四九年，我從美國回來時，潘先生已經出院，做化學系專任教授，再度從事研究及教學活動，傅校長還請他當理學院代院長。

「一九五五年入美國加州大學作氧化銀電極之熱力學研究，並赴英、法、西德、瑞士等國考察。一九五六年兼任國立清華大學原子能科學研究所教授及研究員。一九五七年當選爲中央研究院院士。」❷

一九五八年起他又任臺大化學系主任，一九六〇—六七年，爲國家長期發展科學委員會研究教授。他也參加過陽明山會議，做過考試院國家典試委員、教育部學術審議委員會委員、國家科學委員會委員、原子能委員會委員，以及出席國際學術會議等，有一段時間相當活躍。

在臺灣經濟沒有起飛的年代，公教人員待遇菲薄，當時既無公教人員健保，更無全民健保可言。潘教授和當時的同仁必須具有強烈的求眞熱情、苦幹和忍受經濟困苦的傻勁。才能在這種環境下苦過來，還維持學術的成就，這是非常難得的。但在潘教授大約活躍了二十五、六年之後，他的身體又有變化了，一會兒眼睛不舒服、怕光，一會兒肝臟有毛病，又得和病痛鬥爭，終於一九七四年再度住院，於九月二日與世長辭，享年六十有八。

潘先生是本土化學界的先知先覺者，也是中央研究院的院士。他從事研究的動機，是由印度人 Raman 獲得諾貝爾獎感動

---

❷徐友春主編：《民國人物大辭典》，頁 1465，河北人民出版社，1991 年 5 月第一版。

而起。我們化學系的日人教授野副博士，研究阿里山紅檜成分，一度入圍諾貝爾獎候選人，我們的系友李遠哲博士經美國研究室，眞的獲得了諾貝爾獎。我希望我們的後進，能善用現在的好環境，多作努力，發揮潛能，由臺灣的研究室多發現新事物，再出現諾貝爾獎得獎人，一人、二人、三人……，越多越好。

(九)時事述懷——祖國，可否疼我一次？

二〇〇〇年三月十八日，陳水扁、呂秀蓮當選臺灣第二屆民選正、副總統。終結國民黨半世紀以來一黨專政的獨裁政權，完成首次政黨輪替。我有感而發，在四月十八日《自由時報》的自由廣場發表了〈祖國，可否疼我一次？〉的感懷，全文如下：

「我是由福建泉州安溪移居臺灣後第七代漢人，現年八十九歲。對『祖國』兩個字我既愛又怕。在臺灣土生土長將近九十年，也是第一次及第二次世界大戰的見證人，當然也看過列強欺辱中國、北伐成功、滿洲國之成立及滅亡、東京裁判戰犯、二二八屠殺事件及其後將近四十年之戒嚴惡政，現在又看到國民黨變成在野黨的事實。雖然我對政治敬而遠之，但身爲臺灣人，不得不說幾句有關祖國的話。

中國說：『中國是臺灣的祖國，臺灣是中國不可分割的領土。』既是不可分割的領土，爲什麼於一八九五年中國可以割讓給日本作殖民地？這是中國自己示範可以分割，並明載於國際文件的。也是祖國不疼愛臺灣，使臺灣人做犧牲抵償戰敗之債務，更使臺灣人五十年受苦於帝國主義。是祖國拋棄臺灣，而不是臺灣拋棄中國的。被拋棄的臺灣不單不恨中國無情，還抱持中國爲祖國在心中很久，一直到一九四七年二二八事件爲止。例如一九三五年間，林獻堂言詞中稱中國爲祖國，而被日本右派痛打，差一點出人命。當時林獻堂辯稱日本是臺灣的母國，中國是臺灣的祖國，仍不被日本人接受。又如我本人，於一九四四年因主張民族自決，而被日憲捕去關一百三十天。如此臺灣人的痛苦，不是因割讓給日本作殖民地，才會發生嗎？

經過數十年演變，日本戰敗，國民政府軍隊進駐臺灣，臺灣人歡天喜地，置香案迎接祖國軍隊，熱淚歡呼同胞再會合，以爲從此被日人欺壓終於解放。豈料隨後而至的是二二八屠殺蠻行，其眞相至今仍不敢公開。這是祖國又一次對臺灣人之無情無義的行爲，其後竟以將近四十年之戒嚴侍候。這算不算祖國疼愛臺灣之表現？是祖國不愛臺灣，傷害臺灣的再一次表現也。

李登輝改革國民政府之速度不適合臺灣人之需要，因而下任總統已轉爲民進黨之陳水扁。中國在選前恐嚇如選陳水扁要怎樣怎樣，露出其對民主的無知，更表示其對臺灣之橫霸佔有慾，及至陳水扁當選後，中國表示不惜打爛臺灣，更充分表示其以祖國身分貪愛臺灣土地資源，而不愛臺灣二千三百萬人。因被打爛了之後，臺灣都沒有人存在了，以中國十三億人口而言，隨時可以派出五千萬人甚至更多人移往臺灣，那區區兩千萬人口不值得一顧了。這樣的做法比元朝成吉思汗更厲害，更不人道。

中國以不具同胞愛的心態，卻仍以祖國身分想要霸王硬上弓，強迫臺灣接受『一國兩制』。這不是所謂祖國也者，又一次不疼愛臺灣人的表現嗎？這樣的祖國，臺灣人不敢再要了。

祖國，祖國，我愛你，你卻一次又一次，再三不愛我、傷害我，甚至不惜置我於死地。遠祖不如近祖親，我想來臺第一代祖先以下、歷代先人才是眞正疼愛我的。在臺二千三百萬人只有團結疼愛自己一條路，外來的政權不會關心我們的死活。如果我的想法中國方面不同意，那請中國表現一次愛我臺灣人的事實，如果這樣的事實足以使我改變想法，我願意改變。」

第二天，陳新炎先生也在自由廣場以〈壁虎的尾巴〉一文，做出了迴響，茲引用如下：

「劉盛烈『祖國，可否疼我一次？』一文道出臺灣人對於『與祖國團圓』的疑懼和不安。

一八九五年，一場發生在北國朝鮮半島上，與臺灣風馬牛不相及的東學黨事件，引發了『日、清』戰爭。甲午一役，清廷大敗，馬關議約，李鴻章在日本壓力之下，臺灣就此『永久』割讓給日本。清人乃北方騎馬打獵民族，對於地處海角一隅的臺灣既陌生也不重視，李鴻章在奏摺上稱臺灣是『蠻荒之島，鳥不語，花不香』；臺灣人『男無情，女無義』，所以，『棄之不足惜也』。就像壁虎，碰到生命交關的時候，爲了自保，把尾巴立即截斷，自身則逃之夭夭。在『祖國』的眼裏，臺灣既不『神聖』，更是『可以分割』呢！

一九四五年，臺灣投回『祖國』懷抱。兩年後，竟發生二二八事件；一九四九年，『祖國』投向臺灣的懷抱，但臺灣並沒有隨之

『神聖』起來,『它』只不過是一塊『反共的踏板』而已!

自從退出聯合國之後,臺灣忽然變得非常『神聖』起來。不僅如此,這個曾經被『永久』割讓出去的『蠻荒,棄之不足惜也』之島,如今卻成了『神聖而不可分割的一部分』。我們的祖先地下有知,一定大嘆生不逢辰啊!陳水扁當選總統之後,遠在四川重慶和東北的長春,竟也有學生發動示威遊行,要求解放軍把臺獨趕到海裏去。因爲他們的認知,還是那一句話:『臺灣是中國神聖而不可分割的一部分』。臺灣的各界似乎只在意江澤民、朱鎔基、汪道涵、張萬年講了什麼,但我們更應該注意那廣大的大陸百姓在想什麼,而他們怎麼會有這種想法。

一百多年的隔離,絕大多數的大陸百姓對臺灣數百年來的歷史與遭遇極爲陌生。誠如劉盛烈所言,是『祖國』一次又一次不愛臺灣,遺棄臺灣,致使臺灣人對來自『祖國』任何召喚或動作都會產生極大的疑懼。大陸人民對多數臺灣人的想法似乎是一無所知,或所知有限。

建議陳水扁在五二〇就職演說中,來一段『告大陸同胞書』,可就臺灣無法接受大陸『一個中國』定義的歷史背景,直接對『大陸同胞』做一番闡述。透過這種重要的場合,以誠懇的態度,爭取大陸基層百姓的了解,或許對降低雙方的敵意有點幫助吧!」❶

❶陳新炎:〈壁虎的尾巴〉,自由廣場,《自由時報》,2000.4.19。

(十)天倫之樂

1. 兒女省親

美貞全家於一九八三年移居美國之後，一九八六年八月十九日，獨自回來看我們倆老，遊指南宮、陽明山，泊中國大飯店一夜，轉遊金山萬里，夜遊海邊，日間入海游水。再遊基隆，山上看大觀音，吃海鮮餐。此時學新同遊數日後，飛往紐西蘭、澳大利亞出差。美貞再留數天，吃東區海霸王、芳葉台菜館等，至九月八日，飛回洛山磯。

長媳梅容久年在外，同年回台看其父母，於十二月一日帶其嫂來宅問候，因此領她們往梅村吃日本菜。三日，梅容回來基隆路的家住一晚，九日與俊安相偕上街看國父紀念館、世貿展示場後，於十二月十二日飛回美國。

一九八七年八月十九日(與去年回台同一天)，美貞帶兩外孫女回台北渡暑假，冷氣機不靈而沒被發現，韶瑩叫苦。學新、美貞兩家往故宮博物院方面吃宵夜，美貞帶珮瑩再訪指南宮，找買古董。八月廿九日，妻帶美貞母、女三人，玩母指山腳游泳池、吃吉富日菜。九月二日玩南港終南洞，三日玩青年公園，錄音客家人歌唱。五日學新開車帶其母、俊安、美貞、四內、外孫等遊日月潭、九族文化村，六日回到家。九月八日，全家到鳳凰樓吃飯送美貞等一行。九月九日，美貞攜二女飛回美國洛山磯。

一九八七年十二月十二日，出國十七年未曾回國之博新，終於攜妻回國探親。學新帶路遊小人國。我帶他們拜祖厝、南港掃墓。十六日，梅容與同學吃飯。十八日倆老帶博新往故宮博物院、臺北美術館、在北區海霸王吃中飯。十九日全家看國家劇場 Opera 西遊記，並爲我切蛋糕，祝我生日快樂。廿日妻帶博新遊基隆，廿四日請徐純一家來過聖誕夜。廿五日，學新夫婦帶博新夫婦遊陽明山、萬里、野柳、土鷄城。十二月廿七日，博新夫妻此次坐飛機誤時十八小時起飛。他們由美國飛台北時，亦因霧濃而轉經 Alaska、日本，誤時不少。

一九八八年十二月十八日，長媳因其父辭世而回台，卅一日親家翁公祭後，於翌年元月二日飛回美國。

一九八九年六月十九日，美貞偕兩女回國，住臺北基隆路的家兩週。時幸有下雨，台北天氣沒有像數天前 37℃那麼熱，又有冷氣可以消暑。不料美貞怕冷氣不想用，而其兩女都怕熱，只好四個內、外孫佔領我們倆老的房間，以享受冷氣的清涼了。我們倆老也帶領她們母女游金山溫泉池，住活動中心光復樓，再遊板橋林家花園。學新一家也帶美貞一家去烏來半途的遊樂園住一夜。我還買了六張票，請她們及俊安母子去國家劇院觀賞國劇白蛇傳。七月二日，美貞母女三人飛回美國 Santa Monica 的家。

2. 樂享天倫

小時候「祖父」好像是高高在上，很難接近，至少在我心裏是這樣想的。然而偶見到面時，又好像不那麼可怕，他要我吃這、穿那的，關心個不停。事實上，我也不知道和祖父談哪些事才合適，因爲我和他年齡相差七十二歲，我屬鼠(壬子)，他也是屬鼠(庚子)，我從未敢爬上他的大腿去坐的。如今，我孫昭宗差我七十歲，孫女依文差我六十八歲，可是他們高興就爬到我大腿上來坐，還當馬騎著，上下其身，口叫：「洛克！洛克！」(Rock！Rock！)

他們心目中的「祖父」，好像比我的親近多了。我們日常生活上接觸的時間及空間也密切多了。這和居家安排都有關係，基隆路一段三四二號八樓和三四四號八樓打通，可使家人得了太多好處，可以互相照顧，也可以避免干涉，三代間好像沒有什麼代溝。不，應該說還沒到顯著化的年齡吧！如此天倫之樂，實應感謝老天爺之安排，雖然孫子們數目嫌少了一點，總算內、外孫男女都有了。我住院那些日子，孫子們吵著要看「阿公」，可見心目中之阿公已是不可或缺的人了。

三代同堂，夫妻偕老，妻賢子孝，如此天倫，應順天意，天倫之樂，充分樂之也。在此望百之年，夕陽無限好，管他有多長，眼前之每一秒鐘都是好時光，不是嗎？現在已經，孫子們有的在臺灣，有的在美國，都大學畢業了。

3. 琴韻歌聲

有人說能唱歌的人一定感情豐富。此言是否為定理，我不敢斷定，然而能唱歌的人至少情感方面和歌詞中所表的情境相近，甚至共鳴則是眞的。年輕時期曾經欣賞過的歌，老了再唱時，往日之情懷油然再現於眼前，自感年輕若干，不也是很好嗎？時常調嗓子，使我隨時可以唱出上、下三 Octave 之音聲，算是很幸運的事了。美中不足的是日本歌太多，台灣歌與中國歌太少，這與自己的歷史經驗有直接關係，無法改變。想多學一些台灣歌和中國歌，卻又嫌年紀太大了，記性差，學不好。舊歌引出舊情，如「舊戀」一首，其歌詞大意是說像似冬天夜深時，埋在灰中之炭火，看似熄滅並沒熄，而在深更會叩叫心門，又因當年並非不相愛而分手，眞想開門讓他進來，互抱著哭嘆世上無奈多淚，心弦被扣動！就像「枯芒」的古老民歌，背景遠朔明治年代，其逃避世俗，遁入大自然，以求只有兩人的世界的心情，實是現代人的心聲。「島娘」又是一首素樸的鄉下小島姑娘的宿命的描寫。又如「博多夜船」、「南國土佐」等富有地方色彩的民歌。又如「祇園小唄」，京都特別社會的情調。「慕影」又是一首全民肯定的人生嘆息。又如「令人懷念的歌聲」，唱出現代人在大都市中之生活及戀情的感受。諸如「黃昏」，是少女的淚，只望微風把此情吹到親愛的他那裏去等，眞是扣人心弦之名句，也是上乘的寫照。「歌一唱，眼眶就濕，心就抽泣！」確是如此。幾年前錄音六卷保存這些歌。

自從購置鋼琴之後，媳婦和兩個孫子都在彈，我也以右手一手彈我的歌，雖不想進一步求師指點，練成雙手共彈，卻也滿足一時之興。不過，自己彈出的和自己唱出的歌要一致，倒不容易。尤其是錄音分兩段時，先錄歌譜，然後再錄配唱時，很難完全一致。

簫是很好聽的樂器，可是很難吹好。不知玩了多少次，卻始終沒能自由自在地吹出大聲滿意的歌，不過總算可以吹出聲音來，而有一點兒像是歌就是了。年紀大，肺活量減少了，吹氣老覺不足，因簫只用呼氣而不用吸氣，這一點是與口琴不同的。

一九九一年春遊基隆市，偶然買一橫笛，是大陸貨。年輕時吹過的經驗似乎不大靈，經多次練習始有若干進步，但仍難如意發聲，時而有應出、而出不來的聲音，然亦算一樂也。

到一九九四年，自唱自錄的錄音帶已達七卷，總共錄入約兩百首的歌，包括日本歌、北京話發音的歌、台灣歌、客家歌、英文歌等，然而仍是以日本歌佔大多數。閑來無事時，拿出來聽一聽也不錯，似覺得時光倒流，昔日風華再現眼前。可惜，後來聽覺逐漸失靈，就難於享受了。

4. 自處之道

臺灣人腦海裏的天仙，可以騰雲駕霧，遨遊天地之間，想到哪裏就到哪裏。我也欣賞此種遨遊，然而既非神仙，只有在人的能力可及的範圍內作旅遊了。特別受身體康健情況、經濟情況、氣候情況、交通情況、衛生環境等限制，就不那麼自由地行動。萬幸，身體尙可行動，不趁現在走動，恐怕越老就越不行了。嚴寒冬季應當少外出，多作保養，盛夏當往涼快處走動，春暖、秋涼時期，應該盡量出門活動。鐵路之遊最適合老人家的身體，舒適而不疲勞，且有半價優待，何樂不爲？一九九四年夏天，攜妻遊阿里山，不料竟發生高山症而半夜雇車趕回平地，可知老矣！

多年來，左、右膝關節經常有些毛病，時激時緩，有時單側，有時雙側，不易蹲下深曲，視運動量之多少及運動時間之長短而不一，總而言之，老化、退化爲原因，只好自行調節在合適的範圍內爲原則。然而心臟、血管及糖尿方面之需求運動量，比此自調限度都高，所以常感過度運動而膝關節疼痛。自從以點滴方法將 prednisolone 系 steroid 劑注入之後，膝關節之毛病減少了很多，甚至幾乎全癒。然而在逐漸減少 prednisolone 用量以妨惡劣副作用的現狀下，良好的運動手腳狀態能繼續多久，就不得而知了。

一九九九年元月，想到本世紀即將結束，又要邁入二〇〇〇年的新紀元了。我妻忽然提議試作日本和歌、俳句，藉以排遣倆老閑靜的時間。我立表贊同，其後偶爾有感時，隨時隨地試作「五、七、五、七、七」的和歌，並定名爲「夫婦帳」(meoto-cho)，譯成中文應是「夫婦偶吟」了。如今要進入第六個年頭了，我有三百多首詩作，妻也有兩百多首成句，雖不一定是什麼優良作品，空閑時取出翻吟，也頗有心靈上的感動，差可自娛也。

總之，做一天和尚，就好好的敲一天鐘了！

5. 喜慶連連

我五十歲以後，生日逢十必祝。五十歲時，人在美國隔海接受家人遙祝外，六十、七十皆在台北設宴慶祝。我妻梅差我十歲，我每逢十慶生時，她也剛好逢十，因此在一起慶賀多次。

一九九一年九月九日，爲慶祝我妻七十大壽，在凱悅飯店凱粵園杜鵑廳設宴慶祝，在台全家人外，尚請張家三姊弟歐蜜、歐元、歐誠作陪客。宴中有巴拉圭籍琴師歌手及香港魔術師表演助興。飯後，在家飯廳花籃前切蛋糕等頗有樂趣。拍下很多照片，以供日後回憶。

同年，十二月十九日，是我八十歲的生日。

八十歲生日是一個大喜的日子，記得八十五年(一九一九年)前，我祖父作八十大壽時，族親、友好大事慶賀，連當時在日本留學中的堂兄，也在日本設宴請客，遙祝一番。聞臺北大稻埕林姓祖厝有一規定，凡八十歲之族人，皆可受贈兩萬元的獎金，可知八十歲是人生很值得慶賀的日子。

欣逢我八十壽辰，在美子女博新、美貞回台聚會，全家團圓慶祝老夫老妻雙健，四子女齊全，加上其配偶及孫輩等合家皆歡，在臺北福華大飯店舉行慶祝壽宴，席開十五桌，熱鬧一番，並錄影存念。

我的學生也爲我出了一本八十歲祝壽紀念專集，雷敏宏君說：「劉教授的普通化學相當叫好與叫座，每次上課各地化外之民(化學系與化工系以外的學生)也來搶位子或窗子，熱鬧之景象幾乎可與西門町的電影街相提並論，大家都被劉教授流暢的北京話國語以及條理清晰而風趣的演講所吸引。」❶

楊美惠君說：「老師習慣以書面傳達(研究室內的同仁戲稱爲“下條子”)。當時收到「條子」都免不了有點心驚肉跳，而現在卻很懷念這種督促教誨的方式。……既能堅守『治學嚴謹』的作風與原則，又能避免當面嚴厲斥責的難堪。……三十年的相處，最先也許有點拘謹，後來卻感到輕鬆溫馨。……更有信心老師會隨時亦師亦父的教導我。」❷

吳獻仁君說：「劉教授實驗室的嚴格是師兄弟們所周知的，……劉教授是愛護學生的，……在劉教授的指導下不僅是學習化學知識，或許是更重要的可以學習他的爲人處世之道。相反

---

❶雷敏宏：〈我見到的劉盛烈教授〉，《劉盛烈教授祝壽紀念專集》，頁194，1992。

❷楊美惠：〈篤毅專精成志業，耿潔博大正學風〉，同前引，頁208–10。

地，外國的指導教授，尤其是美加地區，極少會指教學生爲人處世之道，大都只會要求學生拚命做實驗，爲他的成就賣命。」❸

陳小鳴君說：劉教授「嚴以律己，擇善固執。」訓練學生「『行事有方，條理分明。』」「老師像園丁一般發揮了愛心與耐心，讓無數種子發芽、生根，無形中更教導我們嚴謹戒愼的治學方法與處事態度。」❹

王泰澤君也從美國寄來一篇英文祝賀，題「My Gratitude 感恩」，談及博士論文與矽元素同族的四價鉛離子的氧化機構，並讚揚「I admire Professor Liu's pioneer work in the field of organosilicon chemistry in Taiwan. What was especially remarkable was that he embarked in the new organosilicon research when research was very difficult in the postwar (WWII) period.」❺

還有林秋榮、劉緒宗等諸君也都寫了文章，幾十年的灌溉耕耘，欣然見到滿園的花香和纍纍的果實，我是不虛此生了！

一九九五年四月十日，是我與妻結婚滿五十週年的金婚紀念日。在家中慶祝，於客廳中掛上大紅絹一張，上有「金婚紀念」四字。與在臺兩子、孫輩等合家七人共圍一桌，歡祝夫妻長壽、子孫康樂，並編「金婚回憶集」一册，由結婚照片起各段養育生活相片，集半世紀夫妻合作寫照之大成，共輯五份，分給四子女各一，以便回顧天倫，喜慶白首偕老、頤年長壽也。

---

❸吳獻仁：〈感言數則〉，同前引，頁211–2。

❹陳小鳴：〈浩翰師恩，永誌不忘〉，同前引，頁214。

❺王泰澤〈My Gratitude〉，同前引，頁196。

二○○一年是我妻八十、我九十歲雙慶的紀念，值得慶祝，我們就以我妻生日九月九日合併舉行倆老祝壽的喜宴。博新夫婦從美國回來主持，與在臺的兒媳、孫輩、近親、知友及門生等在臺北仁愛路、敦化南路口的敍香園共聚一堂，席開十餘桌，同申祝賀。席中有昔日 Color Slide 之投影，白髮老友唱日語老歌，孫子昭宗獻金屬禮品給祖母並獻吻，孫女獻金屬禮品給祖父並獻吻。此外，門生也特地贈送一部傳眞機，好讓我以後不帶助聽器，聽話不方便，可以寫信傳眞。這是多麼幸福、歡樂、感人的盛會啊！

二○○三年二月，我將一九一○年到二○○五年(從我生前編起，留有餘白，希望補入鑽石婚相片)、長達九十多年的、一百多張有代表性的相片，編成「劉家一世紀拾錦」相簿，用以回憶過往的人生。

以落實五育均衡、培育全人、熱愛鄉土爲教育宗旨的宜蘭私立慧燈中學，將臺灣各方面有卓越成就的前輩，印下手印，鑄成銅模，附上小傳，坐以花崗石，屹立在校園之中，長遠讓青年學子景仰大師的風範，心手相連，以激發見賢思齊與熱愛鄉土的心。

這些有卓越成就的人是：

政治類：陳水扁總統——臺灣之子；

李登輝前總統——民主先生；

彭明敏——台灣民主先知；

楊基銓——首位宜蘭郡守；

林義雄——政黨輪替推手。

教育類：朱昭陽——臺灣教育之父。

文學類：王昶雄——打開心內門窗；

巫永福——深耕臺灣文化；

鍾肇政——大河小說嚆矢。

科學類：李鎭源——臺灣醫界良心；

劉盛烈——首位理學博士；

李遠哲——諾貝爾獎得主。

史學類：史明——臺灣史拓荒者；

曹永和——平民學者。

藝術類：張萬傳——陽剛陰柔之美；

林玉山——臺展少年；

陳慧坤——藝壇大師；

廖修平——版畫大師；

朱銘——藝術即修行；

林懷民——雲門之父。

音樂類：蕭泰然——用音樂愛臺灣。

體育類：紀政——飛躍的羚羊。

這名人手印在二〇〇四年五月慧燈校慶時落成，我有幸也列名其中。

回想我這一生，在家道一時中落之際，立志奮起，苦讀有成，有賢妻爲伴，相恃相依，共苦同甘，不負此生。雖然，一九八八至一九九〇年間，五病同時來攻，且眼、腿怪疾，世之稀聞，卻能一一治癒，實是奇蹟。後來腰也跌傷過，左、右兩眼手術白內障等，也都逐漸復原了。

如今，已是二〇〇五年了，能雙老、子女、孫輩，闔家齊全聚合，應謳歌身心健全，並享天倫之樂。今年的四月十日，就是我們夫妻結婚六十週年的鑽石婚了！

我已經很滿足了，該盡力的都已經盡力了，我只希望自由民主的臺灣能早日平等屹立於世界之上，其他我都沒有什麼遺憾了。

淡水河的水靜靜的流，天邊夕陽的餘暉正映照著美麗的山河。明天，太陽又要從東方升起了！

我很感恩，感謝上蒼！

參考引用書目

1. 劉盛烈著：劉盛烈自敍傳稿。
2. 劉盛烈著：
   (1)臺大化學系四十八年略史(1976.3)。
   (2)有機矽化合物研究心得(1986.9)。
   (3)臺大の今昔(1988.10)。
   (4)人文自然相輔發展共迎太平洋時代(1991.11)。
   (5)故林茂生博士銅像揭幕致詞(1994.6)。
   (6)本土早期有機化學研究之回顧(1995.6)。
   (7)臺大化學系七十週年漫談(1998.11)。
   (8)回顧故潘貫教授(1999.5)。
   (9)祖國，可否疼我一次？《自由時報》，2000.4.18。
   (10)我心目中的妻子(2003.4)。
   (11)蒙難‧奇緣(2003.5)。
   (12)山本爲廉與我(2003.8)。
   (13)金婚述懷(2004.1)。
   (14)老夫妻九秩‧八秩壽宴回思(2004.1)。
3. 夏聖禮著：《咱兜在十四張》，台北：街頭巷尾文史紀錄工作室，2003年12月初版。
4. 劉育英：〈輓家石卿翁夫婦辭〉，《臺灣日日新報》，1910年9月4日。轉引自夏聖禮著上引書，頁230。
5. 張之傑總纂：《臺灣全紀錄》，台北：錦繡出版社，1990.5. 出版。
6. 史明：《臺灣人四百年史》，蓬島文化公司，1980.9. 初版。
7. 陳鵬仁譯：《日本昭和天皇回憶錄》，臺灣新生報，1991.9. 初版。
8. 章陸著：《日本這個國家》，台北：三民書局，1993.8. 初版。
9. 林忠勝撰述：《陳逸松回憶錄》，台北：前衛出版社，1997.11. 修訂版第二刷。

10. 曹永洋：《鴻爪展印——許燦煌博士自敍傳》，1994.8. 自印。
11. 林忠勝撰述：《朱昭陽回憶錄》，台北：前衛出版社，2001.11. 第五刷。
12. 郭廷以編著：《中華民國史事日誌》(四)，南港：中研院近史所，1985.5. 初版。
13. 林忠勝著：〈接收臺灣的第二號人物：葛敬恩〉《自立晚報》，1995.10.5-7。
14. 林忠勝著：〈接收臺灣的新總督——陳儀〉《自立晚報》，1995.10. 25-27。
15. 葉明勳：《眞意集》，台北：躍昇文化事業有限公司，1993.8. 初版。
16. 李敖編著：《二二八研究》一、續、三集，台北：李敖出版社，1989.2. 初版。
17. 邵毓麟著：《勝利前後》，台北：傳記文學出版社，1967.9. 初版。
18. 吳濁流：《無花果》，台北：前衛出版社，1988.9 再版。
19. 黃昭堂著、黃英哲譯：《台灣總督府》，頁 255，台北：前衛出版社，1994.4 新修訂一刷。
20. 秦孝儀主編：《光復臺灣之籌劃與受降接收》，中國國民黨中央黨史會，1990.6. 初版。
21. 葉曙著：《閒話臺大四十年》，台北：傳記文學出版社，1989.2. 初版。
22. 葉曙著：《病理卅三年》，台北：傳記文學出版社，1982.3. 再版。
23. 鍾逸人：《辛酸六十年》(下)，台北：前衛出版社，1995.1. 初版。
24. 張炎憲、李筱峰、莊永明編：《臺灣近代名人誌》(一至五册)，自立晚報出版。
25. 林書揚著：《從二、二八到五〇年代白色恐怖》，台北：時報出版社，1993.2. 初版。
26. 李世傑著：《大統領廖文毅投降始末》，台北：自由時代出版社，1988.11 初版。
27. 劉廣定：〈羅宗洛接收臺大前後〉，《世界日報》，2002.11.20-24。
28. 傅樂成著：《傅孟眞先生年譜》，台北：傳記文學出版社，1979.5. 再版。
29. 劉紹唐主編：《民國人物小傳》(第五、九册)，台北：傳記文學出版社出版。

30. 徐友春主編：《民國人物大辭典》，河北人民出版社，1991.5. 一版。

31.《劉盛烈教授祝壽紀念專集》，1992 出版。

32. 蔡懷民主編：《自然》(第九期)，臺大化學學會，1976.3.

33. 劉紹唐主編：《傳記文學》月刊，台北：傳記文學出版社出版。

34. 陳正毅：〈劉盛烈教授不畏艱困研究有機矽卓然有成〉，《中央日報》，1982.12.13。

35. 賈亦珍：〈鑽研有機矽功在農藥醫〉，《世界日報》，1983.2.8。

36. 陳新炎：〈壁虎的尾巴〉，《自由時報》，2000.4.19。

附録：劉盛烈教授大事年表

西曆	年齡	大　事　紀
一九一二	1	十二月十九日生於臺北南港，時爲日本大正元年、中華民國元年。
一九一四	3	第一次世界大戰爆發。
一九一八	7	第一次世界大戰結束。
一九一九	8	入南港公學校，中國「五四」運動。
一九二一	10	臺灣文化協會成立。
一九二三	12	九月東京大震災。台灣治警事件發生。
一九二五	14	南港公學校畢業，考入台北州立台北第二中學校。孫中山逝世。
一九二七	16	英姐赴東京留學。臺灣文化協會分裂，臺灣民衆黨成立。
一九三〇	19	臺北二中畢業。臺灣地方自治聯盟成立。
一九三一	20	考入台南高等工業學校應用化學科。蔣渭水逝世。「九一八」事變。
一九三四	23	台南高等工業學校畢業。臺灣總督府命令停止臺灣議會設置請願運動。
一九三五	24	考入台北帝國大學理農學部化學科。日本在臺始政四十週年博覽會，中國福建省主席陳儀應邀參加。
一九三六	25	七月喪父。十二月，「西安」事變。
一九三七	26	「盧溝橋」事變，中日發生戰爭。
一九三八	27	台北帝大畢業，獲理學士，留校研究。汪精衛發表「艷電」。
一九三九	28	德侵波蘭，第二次世界大戰爆發。
一九四〇	29	往東京花王向島工廠作實驗，赴北海道帝大參加化學年會。汪精衛「南京政府」成立。

一九四一	30	日襲珍珠港，東、西大戰合流。
一九四三	32	兼任台灣花王有機株式會社技師補。中、美、英開羅會議。
一九四四	33	被日本憲兵拘捕一百三十天。聯軍諾曼地登陸。
一九四五	34	與張歐梅女士結婚。日本戰敗投降，二次大戰結束，任臨時通譯官。獲理學博士學位，終戰後任台大副教授。
一九四七	36	長男博新出生，赴美留學。「二二八」事件，臺灣厲行清鄉、白色恐怖。
一九四九	38	自美回國任台大教授。大陸淪陷，中華民國退守臺灣，中華人民共和國成立。
一九五〇	39	次子學新出生。蔣介石總統復行視事，韓戰爆發，美第七艦隊協防臺灣海峽。
一九五一	40	任台大化學系主任。舊金山對日和約簽字，中華民國未被邀請。
一九五二	41	長女美眞出生。任指南宮董事長。中、日雙邊和約在臺北簽字。
一九五三	42	三子哲新出生。臺灣公佈「實施耕者有其田條例」。韓戰「停戰協定」簽字。
一九五六	45	籌設臺大化學研究所，兼所主任，並兼新竹玻璃公司顧問。臺灣中部橫貫公路開工。
一九五七	46	喪母，台大休假一年。「劉自然事件」發生。楊振寧、李政道獲諾貝爾物理學獎。
一九五八	47	辭系、所主任，開始搜集有機矽文獻，搬入化學館。辭指南宮董事長。西藏武裝抗暴。
一九五九	48	五月，十二指腸出血。臺灣發生「八七」水災。
一九六〇	49	台大設講座教授。臺灣實行勞工保險條例、農地重劃。

一九六一	50	再往美國 Ames Iowa 任客座教授一年，開始發表有機矽論文。清華大學完成我國第一座核子反應器裝置。
一九六二	51	首次遊歐州、南洋回國，岳父逝世。胡適博士病逝臺北。
一九六四	53	受聘講座教授。石門水庫興建完工。
一九六五	54	辭新玻顧問，右腿靜脈瘤開刀。博新考入台大牙醫，翌年轉化學系。蔣經國任國防部長。
一九六七	56	搬入青田街台大宿舍。南非巴納德醫生主持首次心臟移植手術成功。
一九六八	57	往法國 Bordaux 大學參加世界第二次有機矽化學大會。出版《Melting Point Table of Organosilicons》，共五二一頁。臺灣開始實施九年國教。
一九六九	58	受聘研究教授，博新畢業台大，學新入師大。中、美簽訂「中美科學技術協定」。
一九七〇	59	受聘特約教授，博新出國，美眞入師大，哲新轉讀龍潭農工。蔣經國副院長訪美。
一九七一	60	接受中山學術著作獎。中華民國退出聯合國。
一九七二	61	接受國科會甲種補助費，與妻參加在美國 Wisconsin 大學舉行的世界第三次有機矽化學大會及博新婚禮，並旅遊日本及香港。蔣經國任行政院長。日本與中華民國斷交，
一九七三	62	學新師大畢業。蔣經國院長提十大建設計劃。越戰簽停戰協定。
一九七四	63	學新入伍，美眞師大畢業，有機矽化合物新品種已達二百種。潘貫逝世。日與中共簽「民航協定」，我宣佈與日斷航。
一九七五	64	博新得博士學位。蔣介石總統逝世，嚴家淦繼任總統，蔣經國任國民黨主席。

一九七六	65	休假一年，兼東吳大學化學系主任。英姐病逝，美眞結婚，學新退伍。毛澤東逝世。丁肇中獲諾貝爾物理學獎。
一九七七	66	三月飛美看博新，學新結婚。我與台大農學院賴光隆教授合作，研究有機矽對水稻栽培上之利用價值。臺灣核能一廠開始發電。
一九七八	67	美眞生韶瑩，與妻遊歐、美、日本，在德國參加世界第五次有機矽化學大會。續與農學院合作研究有機矽對稻作之影響。蔣經國任總統。中美斷交。
一九七九	68	美眞生珮瑩，俊安生依文。美麗島事件。美國總統卡特承認中共政權，簽署臺灣關係法。
一九八一	70	八月由青田街搬入基隆路。雷根總統重申決履行「臺灣關係法」。
一九八二	71	四月學新赴日就職，五月昭宗出生，十月妻帶俊安母子赴日，妻再飛美博新處。十一月，我心臟病發，十二月妻回台，野副教授夫妻來台，中國化學會五十周年頒贈化學獎章。
一九八三	72	二月豐明、美眞全家移居美國，五月北二中創校六十一年贈送獎牌，七月台大退休，八月與妻、哲新往日本，在學新處與博新夫妻會合，共遊富士五湖，十月回台。
一九八四	73	三月南港國小建校七十周年，成功大學畢業五十周年。四月哲新結婚，六月老夫妻飛美住 Anaheim 及 Santa Monica 三個月。有機矽融點表續編出版。蔣經國連任總統，李登輝任副總統。
一九八五	74	三月收回東華大樓八樓三四四號；十一月左手中指被車門挾斷。「十信」弊案發生。
一九八六	75	八月美眞回台省親，十一月接受台大名譽教授，十二月長媳回台省親。民進黨成立，李遠哲獲諾貝爾化學獎。

一九八七	76	七月將終南洞移交給闕山坑，八月美眞帶二女回台省親，十二月野副教授夫妻、博新夫妻回台。蔣經國總統宣告解除戒嚴。
一九八八	77	元月蔣經國病逝，李登輝繼任總統。二月我右眼腫大求醫，五月住進台大醫院開刀，治攝護腺肥大症。八月飛日找 Germanium 新藥。九月山本爲簾來。十一月開始寫自敍傳稿，十二月門生慶祝七七壽誕。
一九八九	78	再住進台大醫院眼科開刀，以點滴法注入血管 Methyl-prednisolone 治療。六月美眞回台探親，日本台南高工校友組團來台慶祝畢業五十五年。八月帶妻與哲新赴琉球，歸來錄影本人拳棍演練實況，十月再住台大醫院，治療右眼，不幸運動時斷了右腳 Achilles 腱，在骨科開刀接腱，十一月出院，靜養數月。日本昭和天皇病逝。中國發生「天安門」事件。
一九九〇	79	元月雙腳已可不用拐杖走路，漸漸地，雙腳單拐可以上下樓；右眼以 Co60 照射，後奇蹟似地消失腫瘤。四月妻往大陸觀光，野副夫妻來台做米壽。五月起長期失眠、胃痛，治療後稍減痛苦。十一月台灣科學振興會創立六十周年紀念大會，獲獎金牌一面。李登輝連任總統。
一九九一	80	元月公保第二門診理療右肩，月底血尿兩次，轉診台大醫院，發現攝護腺稍腫，X- 線發現胃潰瘍，需服藥四個月，五月學新初訪歐州，九月爲妻祝七十大壽，十一月成大創立六十年，十二月做八十大壽。李總統宣告廢止動員勘亂時期臨時條款。
一九九二	81	四月住進台大醫院作全身健康檢查，十月間血尿多次，在台大醫院泌尿科未查出原因，但証實前立腺肥大仍是良性。立法委員全面改選。
一九九三	82	二媳俊安攜子昭宗於七月赴美旅行，九月在仁愛醫院補牙。兩岸首次辜汪會談在新加坡舉行。李遠哲任中央研究院院長。

一九九四	83	四月參加台大化學系同仁環島旅行，六月代表原台南高工校友贈送故林茂生博士銅像一座及新台幣一百萬元給成功大學，並致詞。七月山本爲廉逝世。七月底王泰澤來電勸我寫自傳。李總統破冰之旅，訪菲、印、泰、中美、非洲諸國，接受日作家司馬遼太郎訪問。
一九九五	84	四月十日結婚五十週年，慶祝「金婚」，編「金婚回憶集」。二月，李登輝總統代表政府公開向「二二八」受難者家屬道歉；六月，訪問母校康乃爾大學。
一九九六	85	臺灣舉行第一次總統直選，李登輝當選。中共進行飛彈試射。
一九九七	86	李總統大赦「二二八」受難者。鄧小平病逝，香港移交中國。
一九九八	87	台大七十週年校慶，應邀在化學系「歡迎系友回娘家之會」演講。亞洲首座人權紀念碑在綠島動土。
一九九九	88	妻倡「夫婦偶吟」，寫和歌、俳句，排遣兩老閑靜時間。臺大化學系舉辦「故潘貫教授逝世二十五週年紀念會」，應邀致辭。將所練拳術、棍法編成《八八操演集錦》一册。李登輝總統提出「兩國論」。宋楚瑜「興票案」爆發。
二〇〇〇	89	四月在《自由時報》發表〈祖國，可否疼我一次？〉，引起迴響。臺灣舉行第二次總統直選，陳水扁當選，政權和平轉移，完成首次政黨輪替。
二〇〇一	90	九月九日，慶祝夫妻九十、八十雙壽，博新夫婦回國主持感人的盛會。立法委員選舉。臺灣加入世界貿易組織(W.T.O)
二〇〇二	91	完成《雙節棍自習備忘錄》。第一夫人吳淑珍訪問美國。
二〇〇三	92	編「劉家一世紀拾錦」(1910～2005)相簿。發生 Sars 疫情。

二〇〇四	93	列入慧燈「名人手印」，大師風範，青年楷模。李登輝「二二八」守護臺灣，陳水扁連任總統成功。
二〇〇五	94	結婚六十週年，慶祝「鑽石婚」，福祿壽喜，松柏長青。

索　引

英文人名

二劃

三劃

四劃

五劃

六劃

七劃

八劃

九劃

十劃

十一劃

十二劃

十三劃

十四劃

十五劃

十六劃

十七劃

十八劃

十九劃

二十劃

一九年七月）返台，期間已感受到中國五四新文學運動對文化社會的影響力。歸台後加入台灣文化協會，並擔任《台灣民報》文藝欄編輯，成為台灣新文學的先覺者與主導者。從目前可知一九二三年九月寫的〈憎寮閒話〉，到一九三五年十二月的小說〈一個同志的批信〉，其體材觸及多面向問題，包括農民、庶民及小販生存問題、婦女問題、警察問題、製糖會社問題，還有士紳階級的性格問題等，在在都顯現賴和對台灣社會的關注與期待。賴和先後入獄兩次，分別為一九二三年十二月十六日，因治警事件入獄，初囚於台中銀水殿，後移送台北監獄；一九四一年十二月八日（珍珠港事變當日）第二次入獄，在獄中寫〈獄中日記〉僅至三十九日，後因體力不支未能續寫，翌年病重出獄，在獄中約五十餘日，健康情況大損，於一九四三年一月三十一日（陰曆十二月廿六日）去世，享年五十。

國家圖書館出版品預行編目資料

劉盛烈回憶錄／林忠勝編著. -- 初版. --
台北市：前衛, 2005 [民94]
320面；15×21公分.
參考書目：面
含索引
ISBN 957-801-463-5(精裝)

1.劉盛烈-傳記

782.886 94004352

《劉盛烈回憶錄》

著　　者／林忠勝
責任編輯／吳忠耕
內文編排／郭美鑾

前衛出版社
地址：112台北市關渡立功街79巷9號1樓
電話：02-28978119 傳眞：02-28930462
郵撥：05625551 前衛出版社
E-mail：a4791@ms15.hinet.net
Internet：http://www.avanguard.com.tw

出版總監／林文欽
法律顧問／南國春秋法律事務所・林峰正律師

凌域國際股份有限公司
地址：台北縣五股工業區五工五路38號7樓
電話：02-22983838 傳眞：02-22981498

出版日期／2005年 4 月初版第一刷

ISBN 957-801-463-5

定價／350元